De la Religión a la Relación

Encontrando a Jesús en una Iglesia Dividida

José R. Pérez

Tabla de Contenidos

Dedicatoria

A mis padres, el reverendo José Pérez y la reverenda Ramona Pérez, quienes pusieron la base espiritual sobre la que ahora camino. Su valentía y obediencia llevaron el evangelio a Nueva Inglaterra, y su legado aún guía mis pasos, incluso en temporadas de dolor y separación.

A mis hijos, José Ramón Cruz y Carlos Miguel Cruz, cuya ausencia ha dejado una herida permanente en mi corazón, pero cuyo recuerdo impulsa mi llamado a hablar vida a los quebrantados. Me recuerdan que el cielo es real… y que la batalla por las almas es urgente y vale la pena.

A mi esposa, Cheryl Marie, mi compañera por más de 36 años, gracias por quedarte en cada tormenta, por amarme en cada prueba y por permanecer a mi lado cuando el mundo —e incluso la familia— parecía tan distante. Eres mi fuerza terrenal, mi regalo de Dios.

A mis hijos y nietos, y a las generaciones futuras de nuestra familia y de la iglesia: Que este libro encienda el fuego del Espíritu en sus corazones y los despierte a su verdadera identidad en Cristo.

Y a la Iglesia Roca de Salvación, gracias por continuar la misión, no de religión, sino de verdad, gracia y el Espíritu de Dios vivo en nosotros.

Esto es para cada hueso seco. Cada creyente quebrantado. Cada alma que aún escucha la voz del Señor diciendo: «Vive».

En Memoria

Este libro está dedicado con amor a la memoria de mis amados hijos, José Ramón Cruz y Carlos Miguel Cruz.

José Ramón, mi primogénito, cuya vida fue breve pero llena de luz: me enseñaste a amar profundamente, incluso en medio del dolor. Aunque la meningitis bacteriana te arrebató a los seis años, tu memoria late en cada latido de este ministerio.

Carlos Miguel, cuya vida fue arrebatada por la violencia demasiado pronto, el 8 de mayo de 2021, a los 44 años: viviste con valentía, y tu pasión sigue inspirándome. Tu pérdida me sacudió hasta lo más profundo, y aun así, la gracia de Dios sigue sosteniéndome en medio del dolor.

Ambos están ahora con el Señor, fuera del alcance de la enfermedad y del sufrimiento, abrazados por la paz perfecta. Hasta que nos volvamos a encontrar, predicaré, enseñaré y lideraré con el fuego y el propósito que sus vidas ayudaron a encender en mí.

Esta obra también refleja el apoyo inquebrantable de mi esposa, Cheryl Marie, cuyo amor, fortaleza y fe me han llevado a través de los valles más oscuros y los llamados más sagrados.

Esta obra es parte de su legado. Sus nombres están escritos en cada página.

Con amor eterno, Papá

Introducción

"Este pueblo de labios me honra; Mas su corazón está lejos de mí. Pues en vano me honran, Enseñando como doctrinas, mandamientos de hombres". –Mateo 15:8-9 (RVR)

Nací en Puerto Rico en 1953, y desde muy temprana edad me encontré atrapado entre dos mundos: la tensión de culturas distintas y la lucha más profunda entre la tradición religiosa de mis antepasados y la presencia viva de Jesucristo. Mi vida ha estado marcada por rebelión, redención, pérdida y restauración, pero, sobre todo, por la gracia incansable de Dios.

Este libro no es un ataque contra la Iglesia. Es un clamor desde el valle de huesos secos. He visto lo que produce la religión sin relación. He observado cómo los sistemas hechos por el hombre aplastan a las mismas personas que Jesús vino a salvar. Y yo también lo he vivido: caminando en dolor, fracaso y silencio… hasta que Dios me encontró en un momento sobrenatural que lo cambió todo.

Mi camino incluye adicción, duelo, división familiar y la muerte de dos hijos. Cuando mi padre —un pastor pionero— me pasó el liderazgo, nuestra familia se fracturó. Y aun cuando estaba rodeado de tinieblas, Jesús no me soltó. Me llamó, no porque yo fuera fuerte, sino porque Él es fiel.

He llegado a creer que la mayor crisis de la Iglesia hoy no son la política ni los programas, sino que hemos olvidado a quién seguimos. Hemos reemplazado la presencia con el desempeño. Hemos construido iglesias sobre sistemas en lugar de sobre la rendición. Hemos enseñado mandamientos de hombres como si fueran el evangelio de Cristo.

Pero no es demasiado tarde. De eso se trata este libro. Aquí exploraremos el fundamento que Jesús estableció, el ejemplo de los apóstoles, el papel del Espíritu Santo y las prácticas que nos devuelven a la intimidad con Dios. Cada capítulo incluye Escritura, reflexión y un llamado a la acción. La transformación no ocurre solo por leer, sino por el encuentro.

Ya sea que estés agotado, quebrantado o simplemente hambriento de más, esta es una invitación, no a la religión, sino a la relación. Jesús sigue edificando Su Iglesia, no con ladrillos o denominaciones, sino con corazones vivificados por Su Espíritu.

Emprendamos este camino juntos.

José R. Perez

Pastor, Iglesia Roca de Salvación

Worcester, Massachusetts

Parte I:

Fundamentos

"Así ha dicho Jehová el Señor a estos huesos: He aquí, yo hago entrar espíritu en vosotros, y viviréis". –Ezequiel 37:5 (RVR)

Capítulo 1:

La Iglesia que Jesús Construyó vs. la que el Hombre Creó

Sección 1: Regresando al Pilar

Todavía recuerdo el primer domingo después de la división de la iglesia. El santuario estaba inusualmente silencioso, aunque las bancas aún guardaban el calor de reuniones recientes. Donde antes las voces se elevaban en alabanza unida, solo quedaba un silencio pesado, inquietante. Algunos se sentaban en sus lugares de siempre, con la mirada baja. Otros se desplazaban hacia la parte de atrás, inseguros de dónde pertenecían ahora. La sala se sentía densa, no con el Espíritu, sino con dolor y confusión.

Esa mañana, me paré detrás del púlpito con la Biblia en mis manos temblorosas. Mi padre me había confiado la iglesia antes de su partida. Debió ser un honor sagrado. En cambio, desató una tormenta.

Mi madre, quien había orado y predicado en ese santuario por décadas, creía que el manto debía haber caído sobre ella. Se fue, y muchos la siguieron, familia, miembros de toda la vida, hijos e hijas espirituales. No solo predicaba a una congregación más pequeña; estaba frente a los restos fragmentados de un cuerpo espiritual en el que había crecido.

Aunque sabía que Dios me había llamado, no podía quitarme la sensación de que le había fallado a todos.

Un Susurro del Espíritu

Ese domingo, mientras estaba en silencio detrás del púlpito, el Espíritu me susurró palabras que jamás olvidaré: **«Tú no eres el pilar; Yo lo soy»**. Esa verdad atravesó el peso que cargaba. Yo había intentado sostener la iglesia con sermones perfectos, liderazgo estratégico y pura fuerza de voluntad. Pero esto nunca fue mío. Ni de mi padre. Ni de mi madre. Si la iglesia no estaba construida sobre Jesús, jamás se mantendría en pie. Pedro lo dijo claramente en Hechos 4:11: «Este Jesús es la piedra reprobada por vosotros los edificadores, la cual ha venido a ser cabeza del ángulo».

Ese versículo se siente diferente cuando has visto el rechazo de cerca, no el rechazo a una doctrina, sino al Espíritu de Cristo. Cuando los líderes cambian la humildad por jerarquía y las iglesias eligen el control en lugar de la compasión, las heridas son profundas. Jesús nunca fue abrazado por los sistemas religiosos. No buscó su aprobación. Mientras ellos construían templos, Él volcaba mesas. Mientras peleaban por títulos, Él se arrodillaba para lavar pies. Querían un Mesías que reforzara sus tradiciones, pero Jesús los llamó a dejarlas atrás.

Donde la religión construye muros, Jesús los derriba. Efesios 2:14 dice que «él es nuestra paz, que de ambos pueblos hizo uno, derribando la pared intermedia de separación». Cuando la religión exige control, Jesús ofrece libertad. No lo rechazaron porque estuviera equivocado, lo rechazaron porque era una amenaza.

Y, trágicamente, hemos seguido edificando sobre ese mismo fundamento de orgullo y desempeño desde entonces.

Construyendo sobre el Fundamento Equivocado

¿Cuántas iglesias hoy están construidas más sobre el carisma que sobre Cristo? Sobre la marca antes que sobre la Biblia. Promocionamos pastores como celebridades, contamos asistencia en lugar de transformación, y juramos lealtad a denominaciones en vez de a la devoción a Jesús.

Muchos que se alejan de la iglesia hoy no están rechazando a Dios. Están rechazando una versión distorsionada de Él; una religión que lleva Su nombre, pero no Su corazón. Un edificio lleno de gente, pero vacío de Su Espíritu. Un púlpito que grita santidad, pero apenas susurra gracia.

Aun así, Jesús no se intimida ante iglesias fracturadas o santuarios divididos. Él sigue llamándonos de vuelta: **de regreso al Pilar.**

Cómo la Iglesia Primitiva lo Hizo Bien

Lo que viví personalmente, la Iglesia lo ha vivido históricamente. Cuando el Espíritu descendió en Pentecostés, no había denominaciones. No había luces de escenario. No había plataformas ni transmisiones en vivo. Solo personas quebrantadas, encendidas por el Espíritu Santo, siguiendo a Jesús a donde Él las guiara.

La Iglesia primitiva no tenía catedrales ni prestigio. Se reunían en casas, compartían comidas y mostraban amor sacrificial. Estaban unidos, no por uniformidad, sino por el Espíritu. Su valentía venía de su fe. Como David frente a Goliat, enfrentaban el peligro sin armadura. Su coraje no venía de la aprobación institucional, sino de conocer al Dios que ya los había librado antes.

Como Daniel en el foso de los leones, se mantenían firmes cuando el mundo intentaba silenciarlos. Pero esa unidad no duró. Para el tiempo de Constantino, la Iglesia se convirtió en una herramienta del imperio. La estructura reemplazó al Espíritu. Los credos reemplazaron la relación. La Iglesia se volvió una institución en lugar de un movimiento.

Ahora, la estructura en sí misma no es el enemigo. El liderazgo tiene su lugar. Pero cuando la forma reemplaza el fuego, y cuando los líderes dominan en lugar de servir, perdemos el rumbo. Jesús no murió para producir presentaciones semanales. Murió para rasgar el velo, llevarnos al Padre y llenarnos con Su Espíritu. Nos llamó a sanar al quebrantado, anunciar buenas nuevas a los pobres y liberar a los cautivos. Ese llamado no ha cambiado. Pero con demasiada frecuencia, hemos cambiado el fundamento.

La Invitación a Regresar

Ese primer domingo después de la división pudo haber sido el final. En cambio, se convirtió en un nuevo comienzo, porque dejamos nuestro orgullo y dejamos de fingir que teníamos todas las respuestas. Permitimos que Dios fuera Dios otra vez.

La sanidad llegó lentamente; no a través de programas, sino mediante adoración genuina, predicación honesta y un simple regreso a Jesús. La gente no solo asistía. Se conectaba. Y el Espíritu volvió a soplar vida en huesos secos.

Si tu iglesia está fracturada…

Si tu alma se siente distante…

Si tu fe se ha enfriado…

La respuesta no es un nuevo sistema. La respuesta sigue siendo Jesús. La piedra que desecharon los constructores ha llegado a ser la piedra angular.

Este libro es para pastores, pródigos y buscadores por igual. No es una invitación a un lugar, sino a una Persona. No al Jesús de las marcas o la política, sino a Aquel que se arrodilló en el suelo, se presentó ante los acusadores y aún abre sus brazos a los cansados y a los que deambulan.

Regresemos al Pilar, no en teoría, sino en la práctica. En nuestros hogares. En nuestros púlpitos. En nuestros momentos de silencio y en nuestros servicios con mucha actividad. Que cada piedra que coloquemos en el ministerio comience con Jesús mismo. Reconstruyamos lo que el hombre ha destruido. **Encontremos a Jesús de nuevo, no en la religión, sino en las relaciones.**

Sección 2: De Constantino a las Denominaciones, ¿Qué Salió Mal?

Es difícil señalar con exactitud en qué momento la Iglesia perdió el rumbo. Los primeros creyentes tenían a Jesús, a los apóstoles, al Espíritu Santo y una comunidad auténtica. Entonces, ¿cómo llegamos a este punto, con decenas de miles de denominaciones, peleas políticas, cristianismo de consumo y congregaciones que reflejan más al mundo que a la Palabra?

Para entenderlo, debemos examinar uno de los momentos más decisivos en la historia de la Iglesia: el momento en que la cruz se enredó con la corona.

Una Alianza Peligrosa: Constantino y el Imperio

En el año 313 d.C., el emperador Constantino emitió el Edicto de Milán, otorgando tolerancia religiosa a los cristianos en todo el Imperio Romano. Después de siglos de brutal persecución, esto parecía una victoria milagrosa. Pero Jesús nunca buscó la aprobación del imperio, y ciertamente jamás modeló el poder terrenal como un camino hacia la piedad.

Según la leyenda, Constantino tuvo una visión de una cruz con las palabras: *«Con este signo, conquista»*. Empuñó la cruz como estandarte de batalla; no como una rendición a Cristo, sino como una herramienta de dominio. Aunque fue bautizado solo en su lecho de muerte, el abrazo político de Constantino al cristianismo reestructuró su esencia por completo. Lo que había sido un movimiento clandestino se convirtió en una institución imperial.

Como la decisión de Adán y Eva de comer del árbol prohibido, la influencia de Constantino introdujo corrupción en lo que Dios había creado para ser puro. La Iglesia ganó edificios, riquezas y prestigio social, pero todo a costo de la sencillez, la rendición y el poder espiritual.

El surgimiento del cristianismo imperial marcó un cambio de discipulado a dominio, de oración a política, de seguir a Jesús a administrar religión. Tal como Israel clamó por un rey para reemplazar el liderazgo divino, la Iglesia buscó un poder que nunca debió tener.

Concilios, Credos y Control

Bajo el gobierno de Constantino, la Iglesia comenzó a organizar grandes concilios para definir la ortodoxia. El Concilio de Nicea en el año 325 d.C., a menudo celebrado por sus contribuciones teológicas, también marcó el inicio del cristianismo patrocinado por el Estado.

Aunque muchas doctrinas se aclararon con buena intención, el método fue profundamente político.

El desacuerdo ya no conducía al diálogo; conducía al exilio, la excomunión o incluso la ejecución.

Los obispos se convirtieron en gobernadores regionales. Los credos pasaron de ser confesiones de fe a convertirse en mandatos imperiales. El disentimiento dejó de ser solo teológico, se volvió traición. La fe se formalizó. La iglesia se sistematizó. Y el liderazgo espiritual se transformó lentamente en burocracia religiosa. La teología se volvió una herramienta del imperio en lugar de un testimonio de gracia.

Aun así, Dios nunca estuvo atado a Roma. Mientras el cristianismo occidental formalizaba y politizaba la fe, Dios preservó un remanente. Lejos de los pasillos del poder, la Iglesia etíope resguardó escritos sagrados que nunca pasaron por los concilios romanos.

Siglos más tarde, descubrimientos como los Rollos del Mar Muerto revelaron corrientes de pensamiento intocadas por el control institucional, recordándonos que el Espíritu no puede ser confinado por reyes ni concilios.

La Iglesia que nació en el aposento alto se había convertido en un funcionario más en la corte de César. Y desde ahí, comenzó a fragmentarse.

De Un Solo Cuerpo a Muchas Ramas

En el año 1054 d.C., el Gran Cisma dividió formalmente la Iglesia en la Ortodoxia Oriental y el Catolicismo Romano. No fue tanto una disputa teológica, sino una lucha de poder: cultural, política y geográfica.

Luego, en 1517, Martín Lutero clavó sus 95 Tesis en la puerta de una iglesia en Wittenberg, denunciando la corrupción y encendiendo la Reforma Protestante. Fue un acto de valentía y verdad. Pero en lugar de unidad mediante el arrepentimiento, la Iglesia se fragmentó aún más.

Luteranos. Bautistas. Presbiterianos. Metodistas. Pentecostales. Movimientos no denominacionales. Hoy existen más de 45.000

denominaciones cristianas en todo el mundo. Algunos llaman a esto diversidad. Pero muchas de estas divisiones no surgieron de diferencias bíblicas profundas, sino de orgullo, política y preferencias personales: disputas sobre el estilo de bautismo, la música, los dones espirituales o incluso la vestimenta.

Decimos que estamos divididos por doctrina, pero a menudo nos dividimos por control. Pablo lo abordó desde el principio cuando escribió: «Cada uno de vosotros dice: Yo soy de Pablo; y yo de Apolos; y yo de Cefas; y yo de Cristo... ¿Acaso está dividido Cristo?» (1 Corintios 1:12–13, RVR). Esa pregunta sigue doliendo hoy.

Cuando la Doctrina Divide al Cuerpo

He conocido a personas expulsadas de iglesias por tener tatuajes, por hacer preguntas o por estar divorciadas. Jesús no las rechazó, pero la religión sí. La Iglesia nunca fue diseñada para ser una fortaleza de rangos y reglas. Fue creada para ser una familia guiada por el Espíritu. Pero con el tiempo, hemos construido altares a la tradición y luego le hemos pedido a Dios que bendiga lo que hemos edificado. Y Dios no habita en templos hechos a nuestra imagen. Habita en corazones humildes abiertos al Espíritu y centrados en Cristo.

El Costo Personal de la División

Cuando heredé la iglesia de mi padre —La Roca de Salvación— cargaba con el peso del legado. Mi padre, un *Borinqueneer* y veterano condecorado de guerra, había fundado esa iglesia para nuestra comunidad.

Mi madre estuvo a su lado predicando, orando y liderando. Cuando el manto pasó a mí, esperaba unidad. Lo que siguió fue una dolorosa división.

La gente no se fue por herejía o escándalo. Se fue por desacuerdos sobre quién debía liderar. La división reveló lo frágil que es la unidad cuando se construye sobre personalidades en lugar de sobre Jesús. Esa experiencia dejó grabada en mi corazón una lección: La Iglesia debe regresar a su fundamento. No a una marca, un título o un cargo, sino a Cristo solamente.

El Testimonio de la Escritura

La Biblia está llena de historias de restauración tras el compromiso espiritual:

- Moisés guió a un pueblo que se quejaba a través de un Mar Rojo que nunca esperaban cruzar.

- Elías, aislado y temeroso, descubrió que Dios había preservado a 7.000 que no habían doblado la rodilla ante Baal.

- David, aunque moralmente caído, fue restaurado a la adoración y al propósito.

- Los discípulos, que discutían por quién era el mayor, fueron elegidos para lanzar la Iglesia.

- Y Ezequiel, de pie en un valle de huesos secos, recibió la orden de profetizar vida sobre la muerte: «Huesos secos, oíd palabra de Jehová… He aquí, yo hago entrar espíritu en vosotros, y viviréis» (Ezequiel 37:4–5, RVR).

Si Dios pudo dar vida a huesos muertos, puede soplar nueva vida en la Iglesia dividida y desilusionada de hoy.

¿Y Ahora Qué?

No podemos deshacer 1.700 años de religión institucional en un instante. Pero sí podemos regresar a Jesús. Podemos negarnos a idolatrar denominaciones. Podemos arrepentirnos por elevar los sistemas sobre el Espíritu. Esto no es rebelión. Es restauración. La Iglesia que Jesús engendró sigue respirando. La encontrarás en ministerios de prisiones, reuniones en casas, avivamientos juveniles y oraciones susurradas en mesas de cocina. Ha estado enterrada, no borrada. Escondida, pero no impotente. Esperando no la próxima estrategia, sino una nueva rendición.

Dejemos de pedirle a Dios que bendiga lo que hemos construido, y comencemos a edificar sobre lo que Él ya bendijo: Su Palabra, Su Espíritu y Su Hijo. Porque la Iglesia no es una marca ni una burocracia. Es un Cuerpo. Su Cuerpo. Y es hora de que vivamos como tal nuevamente.

Una Invitación Personal: Encontrar de Nuevo a Jesús en la Palabra

Aun tras siglos de concesiones y confusión, algo permanece claro: la Biblia sigue revelando a Jesús. A pesar de lo que la civilización occidental ha hecho con la Palabra —torciéndola para el poder, la política y el imperio— la voz de Dios sigue hablándonos entre las páginas. Si estás dispuesto a ir más allá del ruido, de los programas y de las tradiciones humanas, lo encontrarás. Yo lo hice.

Hubo un momento en que tuve que dejar de escuchar lo que todos los demás decían. Estaba cansado de sermones de segunda mano, opiniones prestadas y retratos corrompidos. Necesitaba saber quién era realmente Jesús; no en quien yo lo había convertido, ni quien el sistema decía que era. Así que abrí el Nuevo Testamento y comencé a buscar.

No estaba leyendo académicamente, estaba leyendo para sobrevivir. Necesitaba conocer a Jesús por mí mismo. Y allí estaba, no el Jesús de la religión, sino el Jesús de la redención. No el que encaja en cajas teológicas ordenadas, sino el que rompía cadenas, volcaba mesas y amaba a los no amados. No era quien yo esperaba. No era quien yo quería. Era mejor.

Descubrí que no puedes ayudar de verdad a alguien si no estás dispuesto a sumergirte profundamente en quién es. Eso fue lo que hice con Jesús. Y el único lugar donde encontré verdad sin filtros acerca de Él fue en la Palabra de Dios.

Un versículo me cautivó especialmente: Lucas 4:18 (RVR): «El Espíritu del Señor está sobre mí,

Por cuanto me ha ungido para dar buenas nuevas a los pobres; me ha enviado a sanar a los quebrantados de corazón; a pregonar libertad a los cautivos…».

Ese es el Jesús que encontré. Ese es el Jesús que todavía nos llama hoy. Este es un viaje personal. Lo emprendí y te animo a que hagas lo mismo. No te conformes con la tradición, los titulares ni los rumores. Abre las Escrituras. Búscalo con todo tu corazón. Él no se esconde. Él espera.

Sección 3: Encontrando de Nuevo la Verdadera Iglesia

Es una pregunta que me he hecho más de una vez —en oración, en frustración y en la quietud de un santuario vacío—: **¿Dónde está la Iglesia que Jesús construyó?** No la que aparece en el letrero o la que está escrita en los estatutos, sino aquella de la que Él dijo que las puertas del infierno no prevalecerían contra ella (Mateo 16:18). La que nació en Pentecostés, arraigada en la enseñanza de los apóstoles, empoderada por el Espíritu y definida no por la estructura, sino por la rendición.

Recuerdo un día, después de una tensa reunión de liderazgo. Habíamos pasado horas debatiendo sobre propiedad, políticas y poder, y nadie había mencionado almas, alcance u oración.

Al sentarme en mi oficina después, cansado y desanimado, miré por la ventana y vi a una joven sentada sola en los escalones de la iglesia. Parecía nerviosa. Agotada. Sola.

Salí para encontrarme con ella. Me dijo que había pasado frente a la iglesia durante semanas, pero que había tenido demasiado miedo de entrar. Había luchado contra la adicción. Había perdido la custodia de su hija. Pero ese día, dijo: «Algo me dijo que viniera a buscar a Dios».

Ella no buscaba una denominación. Buscaba a Jesús. Al mismo Jesús que se sentó con recaudadores de impuestos, tocó a los leprosos y lloró con los afligidos. Su hambre me recordó: La verdadera Iglesia sigue viva, pero está enterrada bajo capas de mercadotecnia, tradición y agendas humanas.

Espíritu y Verdad, No Ladrillo y Marca

En Juan 4, una mujer samaritana le preguntó a Jesús cuál era el lugar correcto para adorar: ¿Jerusalén o Samaria? Hoy podríamos hacer la misma pregunta: ¿Cuál iglesia es la correcta?

Jesús respondió: «Mas la hora viene, y ahora es, cuando los verdaderos adoradores adorarán al Padre en espíritu y en verdad» (Juan 4:23). No en un edificio. No por afiliación. No a través de estilo o estatus. **Espíritu y verdad.**

La Iglesia que Jesús está construyendo no comienza con programas, comienza con presencia. No está enraizada en plataformas o púlpitos, sino en el Espíritu moviéndose a través de corazones rendidos. Donde Jesús es verdaderamente bienvenido, comienza la transformación. Y donde el Espíritu Santo se mueve, ahí encontramos la Iglesia; no siempre la que planeamos, pero sí la que Dios tenía en mente.

Volviendo a las Raíces

Hechos 2:42 nos da un plano de la Iglesia primitiva: «Y perseveraban en la doctrina de los apóstoles, en la comunión unos con otros, en el partimiento del pan y en las oraciones». No tenían campañas de marketing ni consultores ministeriales.

Lo que tenían era:

- **La Palabra de Dios:** sin filtros, sin compromisos, viva.

- **Comunión:** relaciones reales guiadas por el Espíritu, no camarillas movidas por personalidad.

- **Partir el pan:** un acto de comunión y comunidad, recordando el sacrificio de Cristo y compartiendo vida.

- **Oración:** no como transición, sino como el aliento y sustento de la Iglesia.

¿El resultado? «Y el Señor añadía cada día a la iglesia los que habían de ser salvos» (Hechos 2:47). Los milagros sucedían. Las necesidades eran suplidas. Los muros caían. El poder de Dios no era una teoría, era su realidad diaria.

Hoy tenemos conferencias, transmisiones en vivo, estrategias para redes sociales y bancas acolchonadas, pero muchas veces carecemos del poder, la unidad y el hambre que tenía la Iglesia primitiva. No necesitamos otro calendario ministerial. Necesitamos un nuevo Pentecostés.

Del Espectáculo al Espíritu

Seré honesto, yo también me he dejado llevar por el espectáculo. Me he preocupado más por cómo se veía el servicio que por si las almas estaban siendo alimentadas. He invertido más tiempo planeando eventos que reuniones de oración.

Me he sentado en juntas discutiendo iluminación mientras afuera la gente permanecía en oscuridad espiritual.

Pero cada vez que me aquieto delante de Dios, oigo que me dice lo mismo: «Edifica Mi Iglesia, no tu versión de ella». Ese llamado siempre me lleva de nuevo al arrepentimiento. No solo personal, sino corporativo.

- Hemos idolatrado el crecimiento y descuidado el discipulado.

- Hemos honrado el carisma y pasado por alto el carácter.

- Hemos predicado prosperidad evitando hablar de pureza.

- Hemos formado seguidores de hombres en lugar de discípulos de Cristo.

Y el mundo lo ha notado. Pero Dios sigue levantando un remanente de creyentes hambrientos de algo más que espectáculo. Personas cansadas del cristianismo de celebridad. Iglesias dispuestas a derribar las plataformas hechas por el hombre para que el Espíritu Santo pueda moverse libremente otra vez.

La Iglesia que Jesús busca es humilde. Santa. Hambrienta. Hace espacio para los quebrantados. Se aferra a la verdad mientras rebosa de gracia. Exalta a Cristo, no a una marca. Recibe al pródigo, equipa al fiel y llora con los que lloran.

Tú Eres la Iglesia

Quizás pienses: «Yo no soy pastor. ¿Qué puedo hacer?». Puedes ser la Iglesia. Eres templo del Espíritu Santo (1 Corintios 6:19). Una piedra viva en la casa que Dios está edificando (1 Pedro 2:5). No necesitas un título. No necesitas un micrófono.

Todo lo que necesitas es un corazón rendido.

- Comienza un grupo de oración en tu casa.

- Discipula a alguien tomando un café.

- Sirve a tus vecinos con compasión.

- Enseña la Palabra a tus hijos.

- Invita a la gente no solo a la iglesia, sino a tu vida.

Eso es Iglesia. El próximo movimiento de Dios no está esperando a una megaiglesia, está esperando obediencia. Puede que seas la chispa de avivamiento en tu vecindario, en tu calle o incluso en tu propia cocina.

Regresando a la Mesa

Uno de mis momentos de resurrección favoritos está en Lucas 24. Dos discípulos desanimados caminaban hacia Emaús después de la crucifixión de Jesús. El Cristo resucitado se les unió, pero no lo reconocieron ni en el camino, ni en la conversación, ni siquiera en la enseñanza.

Lo reconocieron en la mesa. «Tomó el pan, lo bendijo, lo partió... y se les abrieron los ojos» (Lucas 24:30–31). No lo vieron en la teología. Lo vieron en el partir el pan. Eso es lo que hemos perdido: la mesa. El lugar de intimidad. De gracia. De conversación real.

El lugar donde se forma la familia, se comparte la verdad y caen las máscaras. Jesús sigue encontrando personas ahí. Y quizás ahí sea donde nos está llamando a volver.

Es Hora

La verdadera Iglesia nunca estuvo perdida. Sigue viva en ministerios de prisiones, en habitaciones de hospital, en reuniones caseras y en oraciones susurradas. Está en la voz de un adolescente dirigiendo adoración en una sala. En las manos de una viuda aferrándose a las promesas de Dios. En los ojos de un exadicto que aún dice: «Jesús, creo».

Este libro no es una crítica, es un llamado. No para derribar, sino para regresar. No para culpar, sino para reconstruir. De vuelta a Jesús. De vuelta al fuego. De vuelta a la mesa. Redescubramos la Iglesia, dejando atrás estructuras y eslóganes para buscar Espíritu y verdad. **La Iglesia que Jesús construyó sigue respirando.**

Vivamos como si así fuera.

Preguntas de Reflexión

Pausa y reflexiona antes de seguir. Que estas preguntas te acerquen a Jesús, no solo a una rutina más profunda, sino a una relación más profunda.

1. ¿Hay tradiciones que has seguido sin realmente saber por qué?

2. ¿Alguna vez te has sentido lejos de Dios, incluso mientras practicabas actos religiosos?

3. ¿Cómo sería comenzar hoy una relación real con Jesús?

Recuerda: Jesús no pide hábito. Te está invitando a Su corazón.

Capítulo 2:

Fundamentos Apostólicos y Fracciones
Modernas

Sección 1: Las Cualidades de los Doce

La primera vez que realmente reflexioné sobre las vidas de los doce apóstoles, lo que más me impactó no fue su santidad, sino su humanidad. Estos hombres no eran gigantes espirituales cuando Jesús los llamó. Eran pescadores, recaudadores de impuestos, escépticos y zelotes. Ruidosos, leales, dudosos y quebrantados y, sin embargo, fueron precisamente ellos quienes Jesús eligió para edificar Su Iglesia.

En un retiro hace años, un joven se me acercó después de predicar sobre liderazgo espiritual. «Pastor —me dijo— no creo que yo pueda llegar a ser como Pedro o Juan. Ellos fueron escogidos. Ellos eran especiales».

Lo miré a los ojos y le respondí: «No eran especiales cuando Jesús los encontró. Se convirtieron en quienes fueron porque caminaron con Él».

Esa verdad nunca me ha dejado. A menudo pensamos que debemos ser extraordinarios para que Dios nos use. Pero la transformación no comienza con grandeza, comienza con cercanía.

Pasión, Amor, Duda: Eran Humanos

Pedro era audaz, impetuoso y atrevido, el primero en salir del bote y el primero en hundirse. Declaró que Jesús era el Hijo de Dios y luego lo negó tres veces. Pero después de su fracaso, Jesús no lo avergonzó. Lo restauró. «¿Me amas?», le preguntó tres veces. Luego vino la orden: «Apacienta mis ovejas». El mismo Pedro que una vez se quebró bajo presión predicó con fuego en Pentecostés. Eso es gracia.

Aunque recordamos a Juan como el apóstol del amor, al principio fue uno de los «hijos del trueno». En un momento, quiso invocar fuego sobre una aldea samaritana. Jesús lo reprendió. Años después, ese mismo hombre escribiría: «Dios es amor». Su transformación no vino de un título, sino de caminar cerca de Aquel que es amor.

A Tomás se le recuerda como el incrédulo. Pero también fue el que dijo: «Vamos también nosotros, para que muramos con Él» (Juan 11:16). No era rebelde, era buscador. Y cuando dijo: «Si no veo… no creeré», Jesús no lo reprendió. Se presentó. Le invitó a tocar las heridas. Lo encontró en la duda y le ofreció gracia.

Hoy también hay lugar en la Iglesia para personas como Tomás. Los buscadores honestos no son una amenaza, son un regalo.

Transformación por Cercanía

Los apóstoles no cambiaron porque memorizaron doctrina o escalaron una jerarquía religiosa. Cambiaron porque caminaron con Jesús. Se sentaron a Su mesa. Lo vieron tocar leprosos y amar marginados. Lo vieron llorar, lavar pies y cargar la cruz. Y aun después de abandonarlo, Él todavía los llamó hermanos. Ese tipo de amor transforma a las personas.

En Hechos, ya vemos a Pedro predicando con valentía, a Juan haciendo milagros y a Tomás llevando el evangelio tan lejos como la India. No solo mejoraron. Fueron reconstruidos. «Eran hombres sin letras y del vulgo… y reconocían que habían estado con Jesús» (Hechos 4:13).

Un Vistazo a los Doce

Sus vidas nos recuerdan: Jesús no llama a los calificados. Califica a los llamados.

Apóstol	Fortalezas	Debilidades	Legado
Pedro	Apasionado, audaz	Impulsivo, negó a Cristo	Predicó en Pentecostés
Santiago (hijo de Zebedeo)	Leal, intenso	Temperamento fuerte	Primer apóstol martirizado
Juan	Amoroso, profundo espiritualmente	Ambicioso al inicio	Escribió Evangelio, epístolas y Apocalipsis
Andrés	Humilde, invitador	Papel silencioso	Llevó a otros a Jesús
Felipe	Lógico, sincero	Falta de fe a veces	Llevó buscadores a Jesús
Bartolomé	Honesto, devoto	Escéptico al inicio	Discípulo fiel temprano
Mateo	Obediente, generoso	Marginado como recaudador	Autor de Evangelio
Tomás	Valiente, inquisitivo	Necesitó pruebas	Declaró a Jesús como Señor
Santiago (hijo de Alfeo)	Fiel	Poco se sabe	Testigo constante
Tadeo	Leal, curioso	Espiritualmente inseguro	Hizo preguntas profundas

Apóstol	Fortalezas	Debilidades	Legado
Simón el Zelote	Celoso, apasionado	Posiblemente extremista	Su celo fue redirigido a Cristo
Judas Iscariote	Inteligente, influyente	Codicioso, traidor	Ejemplo trágico

El Espejo Moderno

Cuando observamos el liderazgo eclesial hoy, no siempre vemos la humildad o transformación que caracterizó a los apóstoles. En cambio, con frecuencia encontramos artistas en lugar de pastores, y legalistas en lugar de amantes de la gracia.

Algunos son como Pedro antes de Pentecostés, ruidosos e impulsivos, ansiosos por liderar, pero lentos para escuchar. Otros se parecen al primer Juan, celosos por la pureza, pero sin compasión. Algunos, como Tomás, luchan con la duda tras muros teológicos. Y sí, aún hay quienes siguen los pasos de Judas, usando a Jesús para ganar influencia y luego descartándolo cuando ya no les conviene.

¿A Quién Estamos Siguiendo?

Una vez asistí a una gran conferencia cristiana donde el orador principal fue tratado como una celebridad. Había luces, música y aplausos, pero no hubo llamado al altar. No hubo espacio para el arrepentimiento. No hubo lugar para que el Espíritu se moviera. Se sintió como un concierto, no como una reunión consagrada.

Pablo una vez preguntó a los corintios: «¿Acaso está dividido Cristo?» (1 Corintios 1:13). Y, sin embargo, hoy nos dividimos por personalidades. Defendemos líderes tóxicos. Construimos plataformas alrededor del carisma en lugar del carácter.

Los apóstoles no estaban formando clubes de fans. Estaban poniendo el fundamento de la Iglesia: una familia llena del Espíritu, arraigada en gracia y verdad.

Una Invitación Apostólica

No estamos llamados a admirar a los apóstoles. Estamos llamados a seguir su ejemplo:

- Ser como Pedro: audaz, pero rendido.

- Ser como Juan: celoso, pero moldeado por el amor.

- Ser como Tomás: honesto en nuestras dudas y fiel en nuestra búsqueda.

Estamos llamados a caminar con Jesús. A ser transformados por la cercanía.

A predicar con verdad y llorar con compasión. A lavar pies, cargar cruces y servir sin buscar reflectores. La Iglesia de hoy no necesita más celebridades. Necesita más siervos. Más pastores que huelan a oveja. Más discípulos que se arrodillen antes de levantarse.

Ese es el tipo de líder que quiero ser. Esa es la clase de Iglesia que quiero ayudar a construir. Y creo que Jesús todavía nos llama a recorrer ese camino.

Sección 2: La Caída de la Autoridad Espiritual

Hay una línea muy fina entre liderazgo espiritual y control espiritual, y muchos la cruzan sin darse cuenta. La mayoría comienza con una pasión sincera: servir a Dios, predicar la verdad y pastorear con fidelidad. Pero en algún punto del camino, algo cambia. La autoridad pasa de la gracia a la ley, del pastoreo al dominio. Las reglas reemplazan la relación. El miedo desplaza al amor. El control erosiona la compasión.

Lo que comenzó en el Espíritu termina funcionando en la carne. Esto se ve claramente en la historia de Saulo. Antes de convertirse en Pablo —el apóstol de la gracia— Saulo encarnaba el celo religioso. Era instruido y respetado, pero también temido. Letal. Arrastraba a los creyentes fuera de sus casas y consentía en la ejecución de Esteban. Y lo hacía creyendo que estaba protegiendo la verdad.

Pero, en realidad, Saulo estaba persiguiendo precisamente al pueblo que Dios quería salvar.

De la Ley a la Gracia

Saulo era un «líder de la ley»: obsesionado con el control, ciego a la compasión. Y, tristemente, muchos púlpitos hoy todavía resuenan con ese mismo espíritu. Recuerdo estar en un servicio donde el predicador pasó 45 minutos condenando la ropa, criticando la música y atacando la cultura. Ni una sola vez se mencionó a Jesús. Al final, una joven que visitaba por primera vez se me acercó y me susurró: «Pensé que Dios quería una relación conmigo. Pero ahora solo me siento avergonzada.» Eso me quebró. Cuando mezclamos la ley con la gracia, añadimos cargas en lugar de levantarlas. Predicamos reglas en vez de redención. Y en lugar de acercar a la gente a Jesús, la alejamos.

Pablo luego advirtió a los gálatas que no volvieran al legalismo después de haber recibido el evangelio por fe: «¡Oh gálatas insensatos! ¿Quién os fascinó?». (Gálatas 3:1). Sin embargo, dos mil años después, muchos siguen hechizados por el control.

Un Largo Desvío de Cristo

La Iglesia no perdió su rumbo de la noche a la mañana. Se desvió, lenta y sutilmente, por el orgullo, el compromiso y el miedo. Para rastrear ese desvío, debemos estudiar nuestra historia, no para avergonzarla, sino para aprender de ella.

Fecha	Evento	Efecto en la Iglesia
313 d.C.	Edicto de Milán	El cristianismo legalizado, fusionado con el imperio
325 d.C.	Concilio de Nicea	Doctrina centralizada, el Espíritu disminuido
1054 d.C.	El Gran Cisma	La Iglesia se divide en Oriente y Occidente
1517 d.C.	Las 95 Tesis de Martín Lutero	Comienza la Reforma Protestante
1600s	Surgimiento de Bautistas y Puritanos	Énfasis en la convicción personal y las Escrituras
1700s	Avivamiento Wesleyano	Santidad y discipulado metódico
1906	Avivamiento de la Calle Azusa	El fuego pentecostal reavivado
2000s–2020s	Era de las mega-iglesias	Cultura de celebridad, hambre y deconstrucción

Cada época trajo oportunidad, y con ella, compromiso. En algún momento, cambiamos el aposento alto por salas de juntas. Y algo sagrado se perdió.

Por Qué la Ley Se Siente Más Segura

El legalismo se siente seguro porque da a los líderes métricas, límites y control. Si alguien se viste bien, habla correctamente y sigue las reglas, está «dentro». Pero la gracia... la gracia es desordenada. Exige humildad, paciencia y confianza. No puedes controlar la gracia. Tienes que vivirla.

Por eso muchos líderes construyen cercas en lugar de formar discípulos. Disciplinan antes de discipular. Reemplazan al Espíritu con estructura, y el fruto del Espíritu es cambiado por apariencias.

Lo he visto pasar. La gente es juzgada por su ropa mientras los líderes esconden pecados secretos. Los congregantes son castigados por su pasado mientras quienes están en poder evitan rendir cuentas. Las personas se van; no de Jesús, sino de quienes no lo representaron.

La Historia de Jasmin

Una mujer de nuestra iglesia —a la que llamaremos Jasmin— una vez compartió una historia desgarradora. Años atrás, salió corriendo del trabajo para llegar a un servicio entre semana. Llevaba pantalones, y el pastor la reprendió públicamente desde el púlpito. Se fue llorando, jurando no volver jamás a la iglesia.

Años después, entró temblando en nuestra iglesia. La recibí. La escuché. Le recordé a la mujer en el pozo (Juan 4:7-26). Jesús no la avergonzó, se sentó con ella. Eso es la verdadera autoridad espiritual: no condenación, sino compasión.

El Fruto de la Falsa Autoridad

Cuando el liderazgo cae en el legalismo, los resultados son devastadores. Las iglesias se enfrían. El amor es reemplazado por el miedo. Los líderes se convierten en porteros en lugar de pastores.

Y los congregantes se vuelven más leales a la tradición que a la verdad. Muchos se van en silencio, etiquetados como «rebeldes» o «insumisos». Pero la verdad es más simple: buscaban a Jesús y no pudieron encontrarlo en la casa que llevaba Su nombre. La falsa enseñanza no siempre suena a herejía. A veces suena a repetición. A veces se esconde detrás de reglas disfrazadas de justicia.

Pablo advirtió a Timoteo: «Porque vendrá tiempo cuando no sufrirán la sana doctrina… se amontonarán maestros conforme a sus propias concupiscencias» (2 Timoteo 4:3). Pero el peligro funciona en ambos sentidos. Muchos huyen de las iglesias no porque rechacen la verdad, sino porque la verdad nunca se predicó correctamente dentro de esas paredes. Lo que escucharon fue cultura, no a Cristo.

Restaurando la Verdadera Autoridad

Entonces, ¿cómo restauramos lo que se ha perdido? Comienza con arrepentimiento.

A pastores, obispos y líderes: Si tu liderazgo ha herido en lugar de sanar, o ha gobernado en lugar de servir, debes saber esto: Dios no se impresiona con tu título. Él está mirando tu postura. Arrepentirse no siempre significa renunciar. Pero siempre significa retroceder —del orgullo, del ego, del control— y volver a los pies de Jesús.

A los heridos: Perdón. Perdón por cada sermón que te avergonzó. Por cada líder que no representó a Cristo. Por cada momento en que te sentiste pequeño en el lugar al que llegaste buscando ser restaurado. Eso no fue Jesús. Fue una persona rota pretendiendo estar completa.

Pero Jesús todavía te llama. Todavía sana. Todavía hay una Iglesia digna de pertenecer. Todavía hay un Salvador que conoce tu dolor.

Deja Que la Gracia Vuelva a Guiar

Pablo, el antiguo perseguidor, se convirtió en el apóstol de la gracia. Si eso no prueba que nadie está demasiado lejos, no sé qué lo hará. Pero la gracia no excusa el pecado, transforma al pecador. La gracia no baja el estándar, eleva el corazón.

Cuando la gracia lidera, la Iglesia vuelve a respirar. El Espíritu fluye libremente. La adoración es real. Las vidas cambian. Prediquemos como Pablo. Lideremos como Jesús. Amemos como los apóstoles. Reconstruyamos iglesias enraizadas en gracia, humildad y verdad, no en miedo o desempeño.

Porque la Iglesia no está muriendo. Está gimiendo. Gimiendo por restauración. Gimiendo por padres y madres espirituales. Gimiendo por líderes que no dominen, sino que levanten. Seamos esos líderes. Postrémonos… para poder levantarnos otra vez en Cristo.

Sección 3: Sanando la División

La Iglesia no se fractura de la noche a la mañana. La división comienza de forma pequeña, con una ofensa persistente, un desacuerdo no resuelto, un lento desvío de la humildad hacia el ego. Un líder se aparta, o un miembro deja de asistir. La confianza se agrieta. Se forman bandos. Y antes de que nos demos cuenta, el nombre de Jesús queda ensombrecido por el ruido de las disputas. Hemos visto este patrón repetirse a lo largo de la historia y dentro de nuestras propias congregaciones. Pero donde crece la división, la gracia aún puede sanar.

Denominaciones y Sombras Apostólicas

La Reforma nos dejó muchos dones: la firme defensa de la gracia de Lutero, el rigor teológico de Calvino, la santidad apasionada de Wesley y el fuego pentecostal de Seymour. Sin embargo, incluso los mayores movimientos de Dios dejaron atrás sombras, donde los sistemas se endurecieron en legalismo, orgullo o control impulsado por personalidades.

Algunos líderes reflejaron a los apóstoles: la doctrina de Pablo, el amor de Juan y el valor de Pedro. Otros —como Constantino o Joseph Smith— introdujeron enseñanzas y tradiciones que se apartaron del corazón del evangelio. Cada una de estas figuras moldeó la Iglesia moderna, para bien o para mal. Pero esto no es solo historia. La división es profundamente personal.

Cuando la Gracia Es la Respuesta

Hace años, después de un doloroso conflicto de liderazgo, me senté solo en la última banca de nuestro santuario. Los vitrales esparcían luz de la tarde sobre asientos vacíos. Momentos antes, una reunión había terminado en acusaciones. Amigos de confianza ahora parecían extraños. Algunos ya se habían ido, mientras que otros permanecían, pero se distanciaban tras sonrisas forzadas. Oré: «Dios, ¿cómo arreglamos esto?». Él respondió con una sola palabra: **«Gracia»**.

Pedro y Judas: Dos Fracasos, Dos Finales

Tanto Pedro como Judas fallaron a Jesús. Ambos fueron escogidos. Ambos caminaron con Él. Uno traicionó con un beso; el otro negó con una maldición. Pero solo uno regresó. Judas, lleno de remordimiento, se encerró en la vergüenza y terminó su historia antes de que la gracia pudiera alcanzarlo.

Pedro, igualmente quebrantado, se mantuvo al alcance. Y Jesús lo encontró. No para castigarlo, sino para restaurarlo: «¿Me amas?». El fracaso de Pedro no lo descalificó, lo refinó. Y desde ese encuentro con la misericordia, se levantó y predicó en Pentecostés. Eso es lo que hace la gracia. No ignora el pecado. Transforma al pecador.

Cuando los Líderes Caen

El fracaso de un líder es una de las heridas más profundas que puede enfrentar una iglesia. Algunas congregaciones responden con juicio severo. Otras lo cubren con silencio. Ambas retrasan la sanidad.

Una respuesta piadosa comienza con honestidad. Decir lo que está roto. Nombrar lo que duele. Y luego seguir con compasión, no para encubrirlo, sino para mostrar cuidado. Los líderes, al fin y al cabo, son humanos. Cargan pesos que no siempre vemos. Cuando caen, debemos preguntarnos: ¿Actuamos como la multitud que huyó o como Cristo, que se quedó?

Una vez me senté con un pastor que lo había perdido todo: ministerio, reputación y familia. Lloró abiertamente. Le dije: «Si Pedro pudo volver a predicar, tú también puedes». La restauración lleva tiempo. Arrepentimiento. Responsabilidad. Pero, sobre todo, esperanza. El dolor causado por la iglesia a menudo comienza con el fracaso.

Pero se profundiza cuando el pueblo de gracia olvida cómo extenderla.

¿Personalidad o Presencia?

Uno de los mayores peligros en la Iglesia de hoy es nuestra adoración a las personalidades. Decimos que seguimos a Jesús. Pero muchas veces construimos nuestra fe alrededor de carisma o de una marca. Y cuando esas personalidades caen, todo se derrumba. Eso es lo que pasa cuando edificamos sobre arena.

Jesús nos advirtió: solo las casas construidas sobre la Roca pueden resistir la tormenta (Mateo 7:24–27). Si tu iglesia colapsa cuando el líder se retira, no estaba construida sobre Cristo. Si tu fe se derrumba cuando un predicador falla, tal vez tus ojos estaban en él y no en Él.

Debemos volver a Jesús, no solo de palabra, sino como fundamento.

Mi Propia Historia de División

Cuando mi padre me transfirió el manto de liderazgo, la división fue rápida. Mi madre, una mujer de Dios profundamente respetada, creía que el llamado era para ella.

Su partida dividió no solo nuestra iglesia, sino nuestra familia.

Algunos de mis hermanos no me han hablado desde entonces. Pero en medio de ese dolor, aprendí algo sagrado: Dios todavía se mueve en la fractura. Todavía habla cuando la sala está vacía. Todavía sana cuando el corazón está roto.

La sanidad no siempre llega a través de la reconciliación. A veces, se ve como predicarle a diez cuando antes predicabas a cien. O como orar por aquellos que no devuelven tus llamadas. O quedarte cuando otros se van.

Así es como caen los muros. Un acto de gracia a la vez.

Dos Reinos en Acción

Detrás de cada división y debajo de cada conflicto, dos reinos espirituales están en guerra:

Reino de Dios	Reino de Satanás
Espíritu de verdad	Espíritu de engaño
Fundado en Cristo	Fundado en orgullo
Lleva a la vida	Lleva a la muerte
Promueve unidad	Promueve división
Opera en luz	Opera en tinieblas
Arraigado en gracia	Impulsado por control

«Por sus frutos los conoceréis» (Mateo 7:16). La prueba no es el nombre en la puerta, es el fruto en el árbol.

La Iglesia Que Jesús Aún Está Construyendo

Jesús le dijo a Pedro: «Sobre esta roca edificaré mi iglesia, y las puertas del Hades no prevalecerán contra ella» (Mateo 16:18). Esa roca no era el talento de Pedro, era su confesión: Tú eres el Cristo.

Ese sigue siendo el fundamento. No las denominaciones. No la cultura de celebridades. Ni siquiera la buena teología sin Jesús en el centro. Si queremos sanar la Iglesia, debemos volver a esa Roca. Derribar los altares a personalidades.

Edificar de nuevo sobre Cristo.

Del Pre-Pentecostés al Poder

Los apóstoles no comenzaron como transformadores del mundo. Antes de Pentecostés, eran temerosos, orgullosos e inseguros. Pero Jesús no los descartó. Los transformó.

Un legalista puede convertirse en un Pablo. Un negador en un predicador. Un escéptico en un adorador. Incluso un traidor puede arrepentirse. Pero solo si volvemos a Jesús.

Que la Iglesia Se Levante de Nuevo

Sanar la división no comienza con estrategias. Comienza con rendición. La Iglesia que Jesús está construyendo está compuesta por personas perdonadas, arraigadas en la verdad, caminando en gracia, y que se niegan a rendirse entre sí. Que esa Iglesia se levante de nuevo. Que esa Iglesia seamos nosotros.

Preguntas de Reflexión

Tómate un momento para reflexionar sobre cómo Dios ve el liderazgo y cómo te ve a ti:

1. ¿Qué te dice el hecho de que Jesús eligiera a personas imperfectas para liderar?

2. ¿Alguna vez has experimentado un liderazgo que hirió más de lo que ayudó?

3. ¿Qué tipo de líder espiritual está Dios llamándote a ser?

Recuerda: Dios usa a los humildes —no a los perfectos— para edificar Su Iglesia.

Capítulo 3:

De Huesos Secos a una Vida Llena del Espíritu

Sección 1: Un Valle Lleno de Huesos

En medio de una visión, entre el susurro del cielo y el gemido de la tierra, el profeta Ezequiel se encontró de pie en un valle lleno de huesos secos. No cuerpos. Huesos. Esparcidos. Despojados. Sin vida.

El Espíritu del Señor lo llevó allí, no para predicar, sino para ver. Dios quería que Ezequiel fuera testigo de cómo se ve la muerte espiritual cuando echa raíces en Su pueblo. Esta visión no fue solo para Israel en aquel tiempo. Todavía nos habla hoy.

Cuando las Iglesias Parecen Vivas... Pero No lo Están

Israel había caminado una vez en la fuerza del pacto, anclada en las promesas dadas a Abraham, Isaac y Jacob. Pero en los días de Ezequiel, esas promesas parecían lejanas. Jerusalén estaba en ruinas. El templo había sido destruido. El pueblo estaba exiliado y quebrantado. La esperanza se había secado.

Ezequiel estaba de pie en ese valle, rodeado por los restos de algo que alguna vez vivió. Y, en muchos sentidos, allí es donde gran parte de la Iglesia se encuentra hoy: de pie entre los vestigios de lo que una vez fue vibrante y lleno de vida.

Lo que Ezequiel vio no era meramente físico, era profético. Un espejo del pueblo de Dios: seco, desconectado y muriendo por dentro.

Hoy, muchas iglesias están activas en la superficie, pero estériles en el Espíritu. Hemos cambiado el fuego de Pentecostés por iluminación de espectáculo. Hemos sustituido el avivamiento por la rutina.

Aquí un contraste que nos hace reflexionar:

Huesos secos	Vida llena del Espíritu
Esparcidos e impotentes	Unidos en Cristo
Muertos espiritualmente	Vivos en el Espíritu
Sin propósito	Caminando en un llamado divino
Víctimas del pasado	Sanados y restaurados
Estériles	Dando fruto
Sin esperanza	Anclados en las promesas de Dios
En silencio	Hablando vida y verdad

El avivamiento no comienza con ruido, **comienza con aliento.** El Espíritu Santo no viene para producir un espectáculo. **Él viene para dar vida.**

Crisis Nacional, Colapso Espiritual

Cuando Dios le preguntó a Ezequiel: «¿Podrán vivir estos huesos?» El profeta no respondió con confianza. Dijo: «Oh Señor Dios, Tú lo sabes». Esa es la voz de alguien que ha visto demasiado dolor como para presumir, pero que todavía confía lo suficiente como para tener esperanza.

El exilio de Israel no fue meramente político, fue profundamente espiritual. Los profetas habían sido silenciados. Se adoraban ídolos. Los líderes eran corruptos.

En medio de ese colapso, Dios dio una visión, no para lamentar el pasado, sino para despertar un futuro.

Puede que hoy no lo llamemos Babilonia, pero los síntomas nos resultan familiares:

- Iglesias sin poder

- Adoración que se siente mecánica

- Líderes que proclaman el espectáculo sobre la presencia

- Congregaciones llenas de movimiento pero vacías de aliento

Estamos viviendo una versión de ese valle. Y la pregunta sigue en pie: **¿Podrán vivir estos huesos?**

Cuando los Huesos Nos Reflejan

Estos huesos no solo estaban muertos, estaban «muy secos». Quemados por el tiempo. Olvidados. Antiguos. Así es como algunos de nosotros nos sentimos. Pagamos las cuentas. Asistimos a los servicios. Criamos familias. Pero por dentro estamos cansados. Entumecidos. Desconectados. Cantamos las canciones y citamos las Escrituras, pero las llamas ya no arden. Nuestra fe todavía cree, pero apenas respira.

Yo he estado allí. Como pastor, he predicado sermones que ya no sentía. He alentado a otros mientras en silencio dudaba de mi propio llamado. He liderado con una sonrisa mientras me sentía espiritualmente vacío. El ministerio se había vuelto mecánico. Las Escrituras me eran familiares, pero distantes. Estaba rodeado de gente, y aun así, dolorosamente solo. Estaba funcionando en el valle. Quizá conoces ese lugar. Quizá tus huesos están secos.

El Llamado de Atención del Valle

El valle no fue un castigo, fue un llamado de atención. Dios no le mostró a Ezequiel la muerte para deprimirlo. Se la mostró para despertarlo. A veces, el valle es el único lugar lo suficientemente silencioso para escuchar a Dios con claridad.

Ese fue mi punto de inflexión. Dejé de actuar. Guardé silencio. Dejé que Dios viera lo que yo mismo había estado escondiendo. Confesé no solo mis pecados, sino mi cansancio. Y fue entonces cuando el viento comenzó a moverse.

Dios no le dijo a Ezequiel que recogiera huesos o que construyera mejores sistemas. Le dijo: «Profetiza sobre ellos». Habla. Declara. Cree. Quizá ese sea también tu llamado. Deja de analizar la muerte.

Empieza a hablarle a los huesos. Háblale a tu llamado. A tu matrimonio. A tu corazón. Dilo con fe: «Vive». Pero no te pierdas esto: Cuando los huesos se unieron, aún no había aliento. La estructura había regresado, pero no la vida.

Así es como están muchas iglesias hoy. Hemos reconstruido el marco. Tenemos edificios, presupuestos y boletines, pero no aliento. Orden sin unción. Forma sin fuego. Dios le dijo nuevamente a Ezequiel: «Profetiza al viento… Ven, aliento, y sopla sobre estos muertos». Solo entonces vivieron.

Deja Que el Espíritu Sople de Nuevo

No puedes fingir el aliento de Dios. No puedes ensayar un avivamiento. El Espíritu solo habita donde hay rendición. Él no viene para entretener. Viene para empoderar. Responde al hambre. A la desesperación. A la honestidad. Viene a valles donde el pueblo clama: **«Queremos vivir de nuevo».**

Quizá tu llamado está seco, tu corazón está pesado y tu ministerio vacío. Pero aquí está la palabra del Señor: «Yo hago entrar espíritu en vosotros, y viviréis» (Ezequiel 37:5). **No tienes que quedarte en la tumba.**

La Invitación a Levantarse

Dios está llamando a Su Iglesia a dejar de ensayar su muerte y a comenzar a declarar su resurrección. Hemos pasado años diagnosticando lo que está mal. Ahora es tiempo de declarar lo que es posible. El Espíritu está sobrevolando. El viento está cerca. Y la pregunta aún permanece: «¿Podrán vivir estos huesos?»

No necesitas la respuesta perfecta. Solo un corazón abierto. Como Ezequiel, simplemente di: «Señor, Tú lo sabes».

Porque el mismo Dios que levantó a una nación de huesos

puede levantar a tu iglesia de la apatía,

a tu corazón del adormecimiento,

a tu alma de la desesperación.

Este es tu momento—

No para actuar,

sino para volver a respirar.

Vivan, huesos.

Vive, pastor.

Vive, creyente cansado.

El aliento de Dios viene.

Y esto es solo el comienzo.

Sección 2: Vida en el Espíritu

No puedes falsificar el aliento de Dios. Puedes imitarlo por un tiempo fabricando emoción o entusiasmo con música y palabras elocuentes, pero solo el verdadero Espíritu de Dios da vida a lo que está muerto. La emoción no es la señal de estar lleno del Espíritu. Las lágrimas pueden caer sin arrepentimiento. La piel erizada no garantiza Su presencia. No se mide por lo alto que saltas o lo fuerte que gritas, se revela por lo recto que caminas cuando tus pies tocan el suelo. La vida en el Espíritu no es un espectáculo. Es una rendición.

¿Conmovido o Lleno?

Demasiados creyentes confunden estar llenos del Espíritu con estar emocionalmente conmovidos. El Espíritu Santo puede tocar nuestras emociones —Él las creó—, pero no viene a entretener. Viene a transformar. No solo provoca sentimientos, nos moldea a la semejanza de Jesús.

He visto personas hablar en lenguas, llorar en el altar, incluso imponer manos a otros y salir después amargados, atados o enterrados en pecado secreto. Eso no es transformación. Eso no es habitación. Eso es visitación.

Toma a Yolanda, por ejemplo. Ella era la primera en bailar en el pasillo cada domingo, manos levantadas, voz en alto, pero el lunes estaba ansiosa, irritable y espiritualmente vacía. Perseguía la euforia del domingo con listas de reproducción y conferencias, pero la paz siempre se le escapaba.

Después de una conversación sincera, le dije: «No necesitas más música. Necesitas más rendición. El Espíritu Santo no responde al ritmo, responde al arrepentimiento». Ese momento cambió su caminar. Yolanda comenzó a sentarse en silencio en la presencia de Dios. Empezó a orar, escribir en su diario y leer la Palabra. Su adoración echó raíces. Su gozo se sostuvo. Su fe se profundizó. Esa es la diferencia entre estar conmovido y ser transformado.

Fruto vs. Carne

Pablo lo expone claramente en Gálatas 5. Las obras de la carne son evidentes: inmoralidad sexual, celos, arrebatos de ira y divisiones. Pero el fruto del Espíritu es igual de claro: amor, gozo, paz, paciencia, benignidad, bondad, fidelidad, mansedumbre y dominio propio.

Obras de la Carne (Gál. 5:19−21)

- Inmoralidad sexual

- Celos, envidia

- Arrebatos de ira, división

- Borracheras, ambición egoísta

- Idolatría, impureza

Fruto del Espíritu (Gál. 5:22–23)

- Amor

- Gozo

- Paz

- Paciencia, benignidad, bondad

- Fidelidad, mansedumbre, dominio propio

La carne produce obra, mientras que el Espíritu produce fruto. La obra agota. El fruto es orgánico. No te esfuerzas por amar, tú creces en amor. No finges la paz, eso fluye del Espíritu. La transformación no es rendimiento. Es evidencia. Y es imposible sin rendición.

Recuerdo a Alfonso, un expandillero que llegó a nuestra iglesia cubierto de tatuajes, marcado por la adicción y el tiempo tras las rejas. Al principio se sentaba al fondo, brazos cruzados. Pero durante un momento silencioso de adoración, algo en él se quebró. No hubo espectáculo, solo un susurro del Espíritu. Cayó de rodillas, llorando.

En ese momento, no solo recibió a Jesús. Invitó al Espíritu a rehacerlo. La tentación no desapareció. Pero su corazón cambió. Un día me dijo: «Casi le grité a alguien, pero una voz dentro susurró: "Ya no eres ese hombre"».

Hoy, Alfonso dirige un negocio, mentorea a jóvenes y cría a su hijo en el Señor. Eso no es euforia. Eso es fruto.

Dones y Fruto, Ambos Importan

En muchas iglesias perseguimos los dones y descuidamos el fruto. Pero la Escritura nos llama a ambos:

Dones Espirituales (1 Cor. 12)

- Profecía, lenguas, sanidad

- Milagros, sabiduría, conocimiento

- Discernir espíritus, fe, liderazgo

Fruto del Espíritu (Gál. 5)

- Amor, gozo, paz, paciencia

- Benignidad, bondad, fidelidad

- Mansedumbre, dominio propio

Los dones muestran el poder de Dios. El fruto revela el carácter de Dios. Un predicador con dones pero sin dominio propio es un peligro. Un creyente humilde sin dones puede tener dificultades para servir eficazmente. Pero un vaso con ambos… Dios puede usarlo para un impacto profundo y duradero.

Pablo advirtió: «Si hablo en lenguas humanas o angélicas, pero no tengo amor, no soy más que un metal que resuena o un platillo que hace ruido» (1 Corintios 13:1).

Carne vs. Espíritu

Pablo describió al Espíritu, pero también advirtió sobre la carne. Las obras de la carne destruyen familias y dividen iglesias. Pero el Espíritu reconstruye lo que la carne ha roto. ¿Quieres saber qué está creciendo en tu vida? Revisa el fruto. ¿Ves envidia, chisme e ira, o gozo, paciencia y paz? El Espíritu no solo empodera. Él purifica.

Señales Reales del Espíritu

A menudo asociamos la presencia del Espíritu con manifestaciones sobrenaturales: lenguas, sanidad y profecía. Aunque son reales, la señal más verdadera del Espíritu es lo que sucede en privado:

- Una esposa perdona a su esposo y vuelve a orar.

- Un adolescente elimina la app de pornografía y abre la Biblia.

- Un pastor predica para sanar, no para recibir aplausos.

- Un empresario diezma con fe, no con miedo.

- Un sobreviviente perdona, no porque sea fácil, sino porque finalmente es libre.

Estos son los milagros que rara vez suben al escenario, pero que mueven el cielo. Pienso en Esmeralda, una guerrera de oración en nuestra iglesia. Podía orar con fuego, pero tras bambalinas, controlaba todo. Si los planes cambiaban, explotaba. Un domingo, el Espíritu la confrontó. Ella se apartó y entró en una temporada de rendición silenciosa.

Seis meses después, volvió; no más ruidosa, sino más suave. Sus oraciones eran más tiernas. Su gozo, más profundo. Su hija me dijo: «Pastor, no sé qué le pasó a mi mamá, pero yo también lo quiero». Eso es transformación.

Viviendo en el Aliento

Vivir en el Espíritu es respirar con Él diariamente. No solo los domingos. No solo en altares. En cada momento, cada conversación, cada decisión. Es orar: «Espíritu Santo, guíame hoy». Es detenerte a mitad de una frase y elegir la gracia. Es perdonar antes de que te pidan perdón. Servir cuando nadie te ve. Obedecer cuando es difícil.

Estar lleno del Espíritu no se trata de ruido. Se trata de naturaleza. No de carisma, sino de carácter. No de emoción, sino de obediencia. No de aplausos, sino de consistencia. Así que, respira. Deja que Él te llene, no de euforia, sino de santidad. La carne siempre intentará actuar. Pero el Espíritu te invita a ser. Y una vez que has probado ese aliento, una vez que has vivido en esa plenitud, nunca volverás a conformarte con huesos secos otra vez.

Sección 3: Un Nuevo Aliento para el Cuerpo

El valle no se quedó siendo un valle. Esa es la parte que a menudo pasamos por alto en la visión de Ezequiel. Comenzó con huesos secos, pero terminó con vida. Los huesos se agitaron, luego se volvieron a unir. El aliento entró en ellos. Y lo que antes era una tumba dispersa se convirtió en un ejército grande en extremo.

No fue por medio de la política. No fue por programas. Sino por la Palabra y el aliento de Dios. Si alguna vez la Iglesia necesitó ese tipo de poder de resurrección, es ahora. En todo el mundo, algo se está moviendo. Puedes escuchar el crujir espiritual. La gente tiene hambre, no de sensacionalismo ni de entretenimiento, sino de algo real.

Están cansados de la religión superficial y de las montañas rusas emocionales. Quieren a Jesús. Y no están equivocados en quererlo. Dios nunca nos llamó a vivir en tumbas de tradición. Nos hizo templos del Espíritu Santo.

Profecía que Da Vida

Cuando Dios le dijo a Ezequiel que profetizara, no le dijo: «Recuérdales cómo llegaron aquí». Le dijo: «¡Huesos secos, oíd la palabra de Jehová!... Haré que entre aliento en ustedes, y vivirán» (Ezequiel 37:4–5). No envió un viaje de culpa. Envió una promesa. Muy a menudo, nuestros púlpitos suenan como elogios fúnebres en vez de anuncios de resurrección. Diagnosticamos el problema y asignamos culpa. Pero ¿y si empezáramos a hablar esperanza otra vez?

La convicción dice: «Puedes cambiar; Dios está cerca».

La condenación dice: «Ya estás acabado; Dios está distante».

Una sana. La otra aplasta.

Pienso en Javier. Su vida estaba en ruinas: divorcio, pérdida de empleo, vergüenza. «Dios ya terminó conmigo», me dijo una noche después del servicio. Pero el mensaje de esa noche no se basaba en el fracaso, se basaba en la restauración. Hablaba del aliento que revive. Y algo en Javier se quebró. Siguió asistiendo. Se unió a un grupo y pronto volvió a encontrar el gozo. En menos de un año, guiaba a otros a través de sus propios valles.

Todo porque alguien se atrevió a hablar vida en lugar de culpa. La Iglesia debe volver a ese tipo de predicación profética. Predicación que llama a la identidad, no solo al comportamiento. Predicación que mira al adicto y ve a un evangelista. Predicación que mira al quebrantado y dice: «Eres amado», y que mira al tibio y susurra: «El fuego todavía arde en ti. Vamos a avivarlo otra vez».

Palabra y Espíritu Juntos

Observa la secuencia en la visión de Ezequiel: Los huesos se unieron por la Palabra, pero solo cobraron vida cuando entró el aliento. Algunas iglesias son fuertes en la Palabra, pero secas en el Espíritu. Otras están saturadas de emoción, pero superficiales en la Escritura. Pero cuando ambas operan juntas —la Palabra como fundamento, el Espíritu como aliento— comienza la transformación.

Gladys me lo mostró. Ella venía de un contexto donde la Escritura había sido utilizada como arma. Amaba a Jesús, pero temía la Biblia. Durante una serie sobre Romanos estudiamos la gracia, no como ley, sino como amor. Ella lloró. «Por primera vez —dijo— la Biblia me hace sentir bienvenida».

Ahí comenzó la sanidad. No por información, sino por encuentro. La Escritura, cuando es soplada por el Espíritu, a menudo refleja nuestras fallas, pero también abre una ventana hacia nuestro futuro.

De la Religión a la Relación

Pasar de huesos secos a una fe vibrante no requiere un momento en la cima de una montaña. Requiere honestidad y hambre.

Primero, sé honesto. Deja de fingir. Dios no resucitará lo que no admitas que está muerto. Sé real acerca de tu corazón, tu vida de oración y tu cansancio. El valle es el lugar de la verdad, y ahí es donde comienza el aliento.

Segundo, haz espacio. Hemos llenado nuestras vidas de ruido: notificaciones, demandas y distracciones. Pero el Espíritu rara vez grita. Susurra. Y tienes que despejar la sala para escucharlo. Lee despacio. Escucha con atención. Espera con expectativa. Deja que llegue el aliento.

Miguel servía en nuestra iglesia, en cinco equipos, siempre presente, y siempre cansado. «Hago mucho para Dios —me dijo una vez—, pero no me siento cerca de Él».

Le dije: «La actividad no es aliento»

Él se retiró, no porque fracasara, sino porque necesitaba respirar. Meses después, regresó y dijo: «Por fin siento que estoy enamorado de Jesús otra vez». Eso es el Espíritu.

Di Sí al Aliento

Al final, debes actuar sobre lo que Dios dice. Demasiados creyentes están secos porque siguen escuchando, pero nunca responden. Ezequiel tuvo que hablar antes de que los huesos se movieran. La fe activa el aliento.

Cuando Dios te impulse a perdonar, di sí.

Cuando te pida arrepentirte, di sí.

Cuando te llame a dar un paso de fe, di sí.

El aliento llega cuando nos movemos.

La Iglesia debería reemplazar más contenido con más conciencia. Necesitamos creyentes sensibles al Espíritu Santo. Discípulos que digan: «Sí, Señor», incluso cuando les cueste. ¿Quieres avivamiento? Di sí a la gracia. Sí a la rendición. Sí a dejar que Él reordene tus prioridades, tu hablar y tu caminar. Ahí es cuando los huesos se levantan.

El Cuerpo se Levanta de Nuevo

Así es como la Iglesia vuelve a ser el Cuerpo. No una institución sin vida, sino un pueblo que respira y se mueve. Que camina en poder y humildad. Lleno de dones y fruto. Arraigado en Cristo. Despertado por Su Espíritu.

El aliento está aquí.

Déjalo llenar tu corazón.

Déjalo llenar tu hogar.

Déjalo llenar Su Iglesia.

Porque este Cuerpo —Su Cuerpo— nunca fue hecho para permanecer muerto. Siempre fue hecho para levantarse.

Preguntas de Reflexión

Si te sientes seco o desconectado, no estás solo. Dios todavía sopla vida en lugares secos.

1. ¿Alguna vez has pasado por una temporada de «huesos secos»?

2. ¿Hay alguna parte de tu vida que se sienta vacía o sin vida ahora mismo?

3. ¿Qué pasaría si invitaras a Dios a soplar sobre ella?

Recuerda: Dios no necesita tu fuerza, solo tu rendición.

Parte II:

Caminar por el espíritu

"Digo, pues: Andad en el Espíritu, y no satisfagáis los deseos de la carne". –
Gálatas 5:16 (RVR)

Capítulo 4:

Los Dones y el Camino

Sección 1: Descubriendo los Dones

La Iglesia nunca fue hecha para ser un teatro. La plataforma no fue diseñada para el espectáculo. Y los dones del Espíritu Santo no fueron dados para recibir aplausos, sino para cumplir una asignación.

Pero en la cultura de la Iglesia de hoy, hemos difuminado la línea entre lo sagrado y lo ostentoso. Las luces del escenario han reemplazado el fuego santo. La personalidad se confunde con poder. Se celebra más el carisma que el carácter. Sin embargo, Dios no derrama Su Espíritu para entretener. Él da dones para equipar a Su pueblo. Los envía para sanar a los quebrantados, edificar el Cuerpo y hacer retroceder la oscuridad.

Durante mucho tiempo creí que los dones espirituales eran solo para «los especiales», aquellos que hablaban en lenguas con fuerza, daban profecías dramáticas o conmovían multitudes con oraciones poderosas. Parecían elegidos para algo más grande. Y yo me sentía descalificado.

Pero Pablo lo dijo claramente: «A cada uno le es dada la manifestación del Espíritu para provecho» (1 Corintios 12:7). No a algunos, a cada uno. Eso incluye al adolescente tímido, a la madre soltera, al exadicto y al anciano silencioso. Cada uno ha recibido dones si ha recibido al Espíritu. El Espíritu Santo no es selectivo con Su generosidad.

Si Cristo vive en ti, Su Espíritu ha puesto algo dentro de ti para el bien de los demás.

Cuando los Dones se Convierten en Espectáculo

Aun así, por cada creyente que duda tener un don, hay otro que lo abusa. Antonio tenía un agudo don profético. Sus palabras eran precisas y conmovedoras. La gente acudía a él en las reuniones de oración. Pero con el tiempo, la atención se volvió adictiva.

Pasó de ser un vaso a convertirse en una marca. Cuanto más lo alababa la gente, menos escuchaba la voz de Dios. Eventualmente, sus palabras se volvieron vagas y su espíritu, seco. Le advertí con suavidad: «El don es real, pero no es tuyo. Es prestado». No atendió la advertencia. En cambio, se alejó de la comunidad, y el fruto se marchitó.

El don no se apagó porque Dios dejara de amarlo, sino porque Antonio dejó de rendirse. Los dones no son trofeos para los talentosos. Son herramientas para la transformación. Y deben llevarse con humildad. Sin ella, incluso el don más poderoso puede volverse destructivo.

Cuando los Dones se Convierten en Bendición

Ahora, contrasta a Antonio con David. David nunca se paró detrás de un púlpito. Era callado y de voz suave, pero lleno de discernimiento. Tenía una manera de mirar a los ojos de alguien y hablar verdad envuelta en amor.

Una noche, le dijo a una joven después del servicio: «Tu sonrisa esconde una tristeza profunda». Ella rompió en llanto. Había estado planeando quitarse la vida ese fin de semana. Sus suaves palabras interrumpieron su dolor. Ese es el propósito de los dones espirituales: no impresionar, sino intervenir. Recordarle a la gente que Dios los ve. Lo que hace santo a un don no es el volumen ni la visibilidad, sino la rendición.

Sí, Tú Tienes un Don

Lo he escuchado demasiadas veces en consejería: «Pastor, creo que no tengo nada que ofrecer». Siempre respondo: «Esa comparación te está cegando a tu llamado».

Ada, una viuda de setenta años, no predica ni dirige. Pero tiene el don de la exhortación. Cada semana escribe cartas a mano a personas de la iglesia. Ora por cada una antes de sellar el sobre. Un hombre guardó su nota en la cartera por dos años. Había perdido su empleo y estaba cayendo en depresión. La tarjeta decía: «La provisión viene, no te rindas».

Días después, consiguió trabajo. Dijo: «Esa nota me salvó de dejarlo todo». Ada se llama a sí misma «ordinaria». Pero el cielo sabe lo contrario.

Por Qué Tantos Dudan

¿Por qué tantos creyentes luchan por creer que tienen un don? Algunos fueron enseñados a pensar que los dones cesaron con los apóstoles. Otros han sido espiritualmente abusados, diciéndoles que no eran «lo suficientemente ungidos». Algunos temen intentar y fallar. Otros cargan heridas de iglesias que exaltaron la plataforma, pero ignoraron el alma.

Pero aquí está la verdad: Si el Espíritu de Dios vive en ti, Él trajo Su caja de herramientas. No se muda sin dejar un depósito. Descubrir tu don requiere menos esfuerzo y más escucha.

- ¿Qué carga tu corazón?

- ¿Por qué la gente te agradece por algo que a ti te resulta natural?

- ¿Qué enciende tu espíritu cuando lo haces?

A menudo hay un don escondido a simple vista. Tristan me dijo una vez: «No creo tener un don». No predicaba, no cantaba, y no se sentía «espiritual». Pero llegaba temprano, ponía las sillas, arreglaba cosas sin que se lo pidieran y ayudaba con los niños. Todo lo hacía con alegría.

Un día, un misionero pidió ayuda para instalar un sistema de agua en el extranjero. Tristan, plomero jubilado, se ofreció. No solo completó el sistema, sino que capacitó a jóvenes del pueblo y se quedó más tiempo del planeado. Incluso después de irse, lo seguían llamando «Papá Agua». Él sonrió y dijo: «Pensé que solo era bueno con las manos».

No, Tristan. Estabas dotado. Lleno del Espíritu. Enviado por Dios.

De lo Oculto a lo Santo

La Iglesia está llena de dones ocultos: algunos ruidosos, otros silenciosos; algunos pulidos, otros sin refinar. Pero cada uno importa. Cada creyente ha recibido algo que el Cuerpo de Cristo necesita. Los dones pueden manifestarse en predicación o profecía, servicio, generosidad, sabiduría o misericordia. Algunos dones reciben aplausos. Muchos pasan desapercibidos. Pero el cielo no mide por volumen o visibilidad.

La belleza del Cuerpo es que cada parte es esencial. Y cuando cada uno camina en lo que ha recibido —no para ser visto, sino para servir— algo sagrado sucede: La Iglesia cobra vida.

Así que, si alguna vez te has sentido pasado por alto, inseguro o descalificado, escucha esto: **Eres dotado. El Espíritu Santo no te saltó**. Él no adopta hijos y los deja con las manos vacías. No eres un huérfano espiritual. Eres un vaso. Y hay algo en ti que Dios quiere usar para bendecir a otros.

No necesitas predicar como Pedro ni escribir como Pablo. Solo necesitas decir: «Señor, lo que sea que me hayas dado, estoy listo para usarlo». Y mientras camines en sintonía con Él, tu don abrirá camino para ti, no para elevar tu nombre, sino para glorificar el Suyo.

Sección 2: Caminar Dignos del Llamado

Llega un momento en la vida de todo creyente en que se da cuenta de que tener dones no es suficiente. Una cosa es operar en los dones del Espíritu; otra es caminar en el Espíritu. La diferencia está en el espacio entre la actuación y el propósito, entre el carisma y el carácter, entre ser usado por Dios y ser formado por Él.

He conocido personas que podían predicar con pasión, cantar con poder o profetizar con precisión. Pero detrás del don había un núcleo vacío. Su vida privada no coincidía con su ministerio público. Eran aplaudidos en el escenario, pero luchaban por obedecer fuera de él. Confiaban en sus dones, pero resistían ser moldeados por el Dador.

Pablo escribió en Efesios 4:1: «Yo, pues, os ruego que andéis como es digno de la vocación con que fuisteis llamados». No estaba exigiendo perfección, sino pidiendo alineación. Una vida no construida sobre el sensacionalismo o el esfuerzo frenético, sino sobre la rendición. Una vida donde los dones externos reflejen una vida interna con Dios. Un caminar que refleje a Aquel que nos llamó.

Ser Guiado por el Espíritu Significa Ser Empoderado por el Espíritu

Yo tuve que aprender esta lección por las malas. Hubo una temporada en mi vida en la que corría sin parar, predicando varias veces a la semana, aconsejando familias, dirigiendo reuniones y manejando crisis. Por fuera, parecía que la iglesia prosperaba. Pero por dentro, estaba exhausto y espiritualmente seco. Pensaba que, si oraba más, trabajaba más horas o sacrificaba más, podría mantenerlo todo en pie.

En realidad, no estaba siendo guiado por el Espíritu. Estaba intentando guiar al Espíritu. Entonces, un sábado, todo se vino abajo. Tenía un funeral que oficiar, un sermón que terminar y una consejería que se alargó. Abrí mi Biblia y no salió nada. Me sentía entumecido. Agotado. Desconectado.

Susurré: «Señor, no creo poder hacer esto hoy». Y lo escuché susurrar de vuelta: «Bien. Ahora déjame a Mí». Ese momento me quebrantó, pero en el mejor sentido. Había estado intentando cargar el peso del ministerio con mis propias fuerzas. Pero caminar digno no significa empujar más fuerte, sino rendirse más pronto. Desde entonces, comencé cada día con la misma oración: «Espíritu Santo, no puedo hacer esto solo. Guíame». Y Él siempre lo ha hecho.

Rendición Diaria: «No se haga mi voluntad, sino la Tuya»

Incluso Jesús tuvo que luchar con la rendición en Getsemaní. «No se haga mi voluntad, sino la tuya» (Lucas 22:42), oró. Si Jesús, perfecto y sin pecado, necesitó someterse a la voluntad del Padre, ¿cuánto más nosotros? La parte más difícil de caminar en el Espíritu no es oír Su voz, sino rendir la nuestra. Todos tenemos planes. Todos tenemos sueños. Pero vivir guiados por el Espíritu significa ponerlos en el altar y preguntar: «Señor, ¿esto viene de Ti o de mí?»

William y Taina, una joven pareja de nuestra iglesia, soñaban con plantar una iglesia. Tenían capacitación, pasión y apoyo. Todo parecía listo. Pero cuando oraban, sentían un freno en su espíritu. Aunque no podían explicarlo, sabían que no era el momento. Así que esperaron. Meses después, el padre de William enfermó gravemente. William se convirtió en su cuidador a tiempo completo, acompañándolo en su última etapa de vida.

Tiempo después me dijo: «Si hubiéramos seguido adelante, me habría perdido ese tiempo. Habría plantado algo por ambición, no por obediencia». A veces, caminar dignamente no se ve como progreso, sino como paciencia.

Formando el Carácter: Fruto, No Solo Dones

Muchos persiguen los dones espirituales —sanidad, profecía, lenguas—, pero pocos piden a Dios fruto. Paciencia. Amabilidad. Mansedumbre. Dominio propio. Sin embargo, en Gálatas 5:22–23, Pablo enumera el fruto del Espíritu no como señales llamativas, sino como evidencia de madurez. Los dones se dan en un momento. El fruto crece con el tiempo. Los dones atraen multitudes; el fruto sostiene llamados.

Tania tenía el don de la enseñanza. Conocía la Escritura y podía explicarla con claridad y profundidad. Pero en privado, luchaba. Era rápida para enojarse. Controladora. Se ofendía fácilmente. Eventualmente le pedimos que se apartara del liderazgo. Reconocíamos su don, pero su carácter no estaba al mismo nivel.

Al principio, le dolió. Pero escuchó. Tomó un tiempo para descansar, buscar consejería y someterse a un proceso de sanidad. Cuando regresó, era más amable. Humilde. Más arraigada. Sus palabras seguían teniendo peso, pero ahora estaban empapadas de gracia. Ese es el poder del fruto: da profundidad a tus dones y sustancia a tu ministerio. **Los dones pueden abrirte la puerta, pero el carácter es lo que te mantiene dentro.**

Él No Solo Te Usa, Te Moldea

Ha habido veces en que prediqué sobre el amor y luego llegué a casa y perdí la paciencia con mi familia. Otras veces, profeticé esperanza a otros mientras yo mismo luchaba con el desánimo.

En esos momentos, el Espíritu no me condenó ni me avergonzó. Me convenció y me ayudó a restaurarme. Porque a Dios no solo le importa lo que haces para Él; le importa en quién te estás convirtiendo con Él. Él no está levantando artistas, sino hijos e hijas. Discípulos que reflejen a Jesús en privado y en público. Personas que perdonan rápido, sirven en silencio, hablan la verdad en amor y caminan humildemente con Dios.

Puede que no siempre te sientas dotado. Puede que no siempre te sientas visto. Pero si caminas con el Espíritu —escuchando, obedeciendo y rindiéndote—, Él te moldeará para que tu vida sea digna del llamado que has recibido.

Un Camino Digno Comienza con un Paso Rendido

Entonces, ¿por dónde empezar? No con esfuerzo, sino con rendición. Ora conmigo: «Espíritu Santo, no puedo hacer esto solo. Guíame». Así es como comienza el caminar digno: un paso rendido a la vez. Deja que Él empodere tus acciones. Deja que Él haga crecer Su fruto en tu corazón. Que tu vida hable más fuerte que tus sermones. Que tu obediencia silenciosa predique más alto que tu plataforma. Y recuerda: El llamado nunca se trató solo de lo que podías hacer para Dios. Siempre se trató de en quién te estás convirtiendo con Él.

Sección 3: Un Cuerpo, No un Escenario

En algún momento, la Iglesia comenzó a desviarse. Lo que antes era un Cuerpo lleno del Espíritu empezó a parecerse a una producción. Cambiamos la sencillez de las reuniones sagradas por luces de escenario y servicios guionados. Empezamos a medir el éxito por el tamaño de la multitud en lugar de la fortaleza de la comunidad. La Iglesia, que debía ser un organismo vivo, comenzó a funcionar como un espectáculo cuidadosamente producido.

Pero Dios nunca llamó a Su pueblo a ser una audiencia. Nos llamó a ser un Cuerpo. La plataforma nunca fue pensada como un pedestal; fue diseñada como un púlpito: un lugar de servicio, no de celebridad. Y, sin embargo, hemos visto una generación moldeada más por la personalidad que por la presencia. Iglesias que se construyen más sobre carisma que sobre carácter. Y mientras las luces brillan intensamente en el escenario, demasiados en las bancas se sienten invisibles.

El Peligro de la Cultura de Celebridad

Una vez visité una iglesia donde el pastor principal era considerado una leyenda local. Sus sermones eran poderosos. Su presencia en redes sociales era enorme, y la gente viajaba desde lejos para escucharlo predicar. Las cámaras captaban cada ángulo. El ambiente estaba lleno de energía y aplausos.

Pero tras bastidores, la historia era otra. El personal estaba agotado. Los voluntarios se sentían más como técnicos de escenario que como ministros. El equipo de alabanza competía por solos. La congregación ni siquiera conocía los nombres de los demás. Cuando el pastor tuvo una caída moral, toda la estructura colapsó porque la iglesia no estaba construida sobre el Cuerpo, sino sobre una marca. Ese es el peligro de la cultura de celebridad en la Iglesia: alimenta el ego, no al Espíritu. Atrae fanáticos, no discípulos. Y cuando el líder cae, la fe de muchos cae con él.

Yo mismo he sentido esa atracción. Cuando la gente empieza a celebrar más tu don que tu crecimiento, es fácil pasar de servir a actuar. Pero el llamado no es construir un nombre, sino construir personas. El reflector se apaga; la sustancia permanece. Y esa verdad me ha mantenido con los pies en la tierra más veces de las que puedo contar.

Un Cuerpo, Muchos Miembros

En 1 Corintios 12, Pablo pinta una imagen hermosa de la Iglesia, no como una empresa o un escenario, sino como un Cuerpo. Un Cuerpo con muchas partes, todas diferentes pero esenciales. Comparten el mismo Espíritu, el mismo Señor y el mismo propósito. «El ojo no puede decirle a la mano: "No te necesito"», escribe Pablo. Cada parte es vital. Cada persona importa. Pero no es así como muchas iglesias funcionan hoy.

Pienso en Sincere, un hombre callado que se unió a nuestra iglesia después de haber sido profundamente herido en otro lugar. Había servido fielmente en su iglesia anterior, pero nunca fue realmente visto. «Solo necesito sentarme y sanar», me dijo. Así que le dimos espacio. Sin expectativas. Sin presión.

Meses después, preguntó si podía ayudar detrás de escena. Desde entonces, se ha convertido en la columna vertebral silenciosa de nuestro ministerio, formando equipos, reparando equipos y guiando a jóvenes líderes. No quiere un escenario. Quiere servir. Y gracias a eso, nuestra iglesia es más fuerte. Así es como se ve el Cuerpo en movimiento: no aplausos, sino participación. No ego, sino gracia.

El Gozo Oculto del Servicio

Vivimos en un mundo que celebra la visibilidad. La influencia es moneda. La fama se confunde con fidelidad. Pero Jesús nos enseñó algo diferente: «El mayor entre vosotros será vuestro siervo» (Mateo 23:11).

Linda lo entendía. Nunca predicó. No dirigía la alabanza. Pero cada domingo llegaba temprano. Preparaba el café, alineaba las sillas y recibía a cada visitante con calidez. Los que venían por primera vez a menudo decían: «Me sentí en casa desde que entré».

Una vez le pregunté: «¿Cómo haces para seguir haciendo esto semana tras semana?» Ella sonrió y dijo: «Pastor, este es mi acto de adoración. Puede que no cante bien, pero cada taza que sirvo es para Jesús». Eso es lo que hemos perdido en gran parte de la iglesia moderna: la sacralidad del servicio. La santidad de las cosas ocultas.

El tipo de adoración que no es ruidosa, pero perdura. Cuando empezamos a honrar tanto a los que sirven en lo oculto como a los que predican desde un escenario, comenzamos a sanar lo que está roto.

La Iglesia Fue Creada para Ser un Cuerpo

La Iglesia no necesita más estrellas. Necesita más hombros, personas dispuestas a dejar el micrófono para cargar cargas. El ujier con una linterna puede ser tan vital como el predicador con un púlpito. El intercesor que ora en privado puede estar sosteniendo a toda la iglesia de maneras que nadie ve.

Y cuando empezamos a vernos así —no como competencia, sino como conexión— algo cambia. Los celos desaparecen. El ego muere. El amor crece. Dejamos de comparar roles y comenzamos a complementarnos. Así es como la Iglesia vuelve a ser el Cuerpo; no un edificio, no una marca, sino un pueblo unido por amor y propósito.

Pienso en la Iglesia primitiva en Hechos. Sin escenario. Sin reflectores. Solo creyentes llenos del Espíritu, partiendo el pan, compartiendo cargas y orando en unidad. Y Dios añadía a los que habían de ser salvos cada día. No por un marketing ingenioso, sino porque vivían como uno solo.

No eran consumidores; eran colaboradores. No eran fanáticos; eran familia. Y necesitamos volver a eso.

Dejando el Escenario, Abrazando la Cruz

Si vamos a caminar por el Espíritu, debemos dejar el espíritu de espectáculo. La cruz, no el reflector, es nuestro modelo. Jesús no vino para ser servido, sino para servir. Lavó pies. Comió con marginados. Pasó sus últimas horas no en un palacio, sino en una cruz. Y nos dijo que lo siguiéramos.

Así que debemos preguntarnos: ¿Estamos siguiendo a Jesús o estamos siguiendo personalidades? ¿Estamos construyendo altares o construyendo plataformas? ¿Valoramos a los miembros invisibles del Cuerpo o solo a los que hacen ruido? Porque el Espíritu Santo no solo empodera a predicadores. Él empodera a padres. Él unge la hospitalidad. Bendice a administradores, maestros, animadores, dadores y cuidadores.

Cada parte, cada persona y cada don es importante.

Tú Perteneces al Cuerpo

Y eso te incluye a ti. No estás hecho solo para sentarte en una banca. Eres más que un rostro en la multitud. Eres parte del Cuerpo de Cristo. Tal vez te sientas como un dedo pequeño: pequeño, invisible, sin importancia. Pero incluso la parte más pequeña cumple un papel vital. Cuando no apareces, algo falta. Cuando no sirves, alguien queda sin apoyo. Cuando retienes tu don, el Cuerpo cojea en vez de correr.

Tú importas. No por lo que produces, sino por quién eres: un miembro del Cuerpo de Cristo, lleno del Espíritu y comprado con Su sangre. Así que deja de esperar un reflector y empieza a servir donde estás. Pídele al Espíritu que te guíe, te ubique y te use, no para fama, sino para fruto. Porque cuando cada parte hace su trabajo en amor, la Iglesia no solo crece. Cobra vida.

Preguntas para Reflexionar

Fuiste creado para tener un propósito. Servir no es solo para el escenario, es para el alma.

1. ¿Crees que Dios te dio dones con un propósito?

2. ¿Estás usando esos dones para servir a otros, o estás esperando ser notado?

3. ¿Cuál es una forma en la que puedes decir sí a servir esta semana?

Recuerda: El ministerio no se trata de ser visto. Se trata de estar disponible.

Capítulo 5:

Gracia, Fe y la Ley que Seguimos Resucitando

Sección 1: ¿Qué es la Gracia?

Recuerdo el momento en que la gracia finalmente tuvo sentido, no solo como sermón o doctrina, sino como un salvavidas. La claridad no llegó durante una campaña de avivamiento ni por una cita en un libro. Llegó una noche, después de haber dicho cosas en una reunión de las que me arrepentí profundamente, defensivo, duro, poco semejante a Cristo. Yo sabía hacerlo mejor; incluso lo había predicado mejor. Pero, una vez más, me había quedado corto.

Derrumbado en la silla de mi oficina, susurré: «Dios, no sé por qué sigues soportándome». Y en el silencio que siguió, sentí algo en lo profundo de mi espíritu: **«Porque eres mío. No porque seas perfecto. No porque lo hayas ganado. Porque mi gracia es más grande que tu fracaso».** Ese fue el momento en que la gracia dejó de ser teología y se convirtió en rescate.

La Gracia No es una Licencia, Es un Salvavidas

A menudo tratamos la gracia como un accesorio teológico, algo que citamos, pero rara vez experimentamos. La gracia no es un resquicio legal ni una excusa para seguir pecando. La gracia es poder. Poder para levantarse. Poder para cambiar. Poder para vivir en libertad. La gracia sostiene el estándar de Dios mientras nos levanta, no a través del esfuerzo, sino de la rendición.

Algunos abusan la gracia para justificar compromisos: «Nadie es perfecto, por eso tenemos gracia». Pero esa mentalidad pierde el milagro. Otros temen que demasiada gracia conduzca a la rebeldía, así que se aferran a las reglas, tratando de controlar a la gente hacia la santidad.

Pero esto es lo que he aprendido: **Quienes realmente entienden la gracia no quieren pecar más. Quieren pecar menos; no por miedo, sino por gratitud.** La gracia no minimiza el costo del pecado, magnifica el precio que Cristo pagó para perdonarlo.

El Hijo Pródigo vs. el Hermano Mayor

Una de las parábolas más famosas de Jesús muestra el contraste más claro entre gracia y legalismo. El hijo menor se rebela, desperdicia todo y regresa a casa arrastrándose, esperando juicio. Pero en lugar de condena, es recibido con un manto, un anillo y una celebración. Eso es gracia.

¿Y el hermano mayor? No puede alegrarse. «Nunca te he desobedecido —se queja— y nunca me diste una fiesta». Su amor era transaccional. Obedecía por la recompensa, no por relación. Eso es legalismo. El legalismo lleva la cuenta. Resiente la misericordia. Asume que la obediencia nos da derecho a bendición. Puede vivir en la casa del Padre y aun así no conocer Su corazón.

Yo he sido ese hermano mayor. Quizá tú también, sirviendo fielmente, pero preguntándote por qué alguien más recibió el milagro por el que has estado orando. Pero la gracia no recompensa a los que la merecen. **Restaura a los quebrantados.** Y hasta que no nos veamos como el pródigo, nunca entenderemos verdaderamente la gracia. Incluso nuestros mejores esfuerzos nunca fueron suficientes para hacernos justos. La gracia no nos encuentra donde somos fuertes. Nos encuentra donde finalmente admitimos que somos débiles.

Cuando la Gracia se Vuelve Personal

Blanca llegó a nuestra iglesia cargando con el peso de la adicción, relaciones rotas y una vergüenza profunda. Se sentaba en la última fila cada domingo, la mirada baja, a menudo saliendo antes del llamado al altar. Un día, la alcancé a la salida y le dije: «Qué bueno verte».

Ella se sobresaltó. «No pertenezco aquí, Pastor. He hecho demasiado».

Pero la gracia no juzga el pasado de las personas. Escucha su arrepentimiento.

Semanas después, durante la adoración, se quebró. En el altar, entre lágrimas, susurró: «No sé cómo ser buena. Solo sé que no quiero seguir siendo quien era». Ahí fue cuando la gracia la encontró. No cuando tenía todo resuelto, sino cuando admitió que no lo tenía.

Hoy, Blanca lidera un grupo de recuperación, guiando a mujeres jóvenes. Irradia paz. Aunque no es perfecta, es libre. Eso es gracia. No exige perfección. Invita a la rendición. Y transforma de adentro hacia afuera.

La Gracia que lo Cambia Todo

Cuanto más camino con Jesús, más me doy cuenta de cuánto necesito la gracia. No la supero; me hundo más en ella. Cuando me descubro tratando de ganarme la aprobación de Dios con desempeño o esfuerzo espiritual, recuerdo esa noche en mi oficina. Recuerdo el susurro: **«Eres mío. No porque lo hayas hecho bien. Porque te elegí».**

La gracia no es solo un concepto. Es una persona. La gracia es Jesús, arrodillado junto a pecadores, cenando con cobradores de impuestos, tocando leprosos y defendiendo culpables. La gracia es la cruz. La gracia es la tumba vacía. La gracia es el Espíritu Santo derramado sobre personas imperfectas que fallan, pero siguen levantándose. Y cuando realmente has experimentado la gracia, no quieres pecar más. Quieres conocer más a Jesús. No obedeces para ganarte algo. **Obedeces porque eres amado.**

Así que, si hoy sientes que has fallado demasiado, que te has alejado demasiado, o que has decepcionado a Dios irrevocablemente, escucha esto: La gracia no es una muleta para los débiles. No es un atajo para los perezosos. No es una recompensa para los buenos. Es el aliento de Dios para los muertos. Es el abrazo de un padre corriendo hacia un hijo aún cubierto de vergüenza. Es el banquete preparado para el alma que nunca pensó que sería invitada a casa.

Ley vs. Gracia: Un Mejor Pacto

Muchos creyentes todavía viven bajo una mezcla de gracia y ley. Llegan a Jesús libremente, pero luego tratan de mantener su salvación a través de reglas, olvidando que Jesús no vino a remendar el sistema antiguo, vino a reemplazarlo. Aquí una comparación sencilla:

Antiguo Pacto (Ley)	Nuevo Pacto (Gracia)
Dado por medio de Moisés (Juan 1:17)	Dado por medio de Jesucristo (Juan 1:17)
Escrito en piedra (Éx. 31:18)	Escrito en corazones (Jer. 31:33; Heb. 8:10)
Basado en obras (Deut. 28:1–2)	Basado en fe (Ef. 2:8–9)
Bendiciones condicionales	Amor incondicional
Revela el pecado, pero no puede quitarlo (Rom. 3:20)	Limpia el pecado por medio de Cristo (Heb. 9:14)
Sacrificios repetidos	Un sacrificio perfecto (Heb. 10:12)
Ministerio de condenación (2 Cor. 3:9)	Ministerio de justicia (2 Cor. 3:9)
Mantiene la distancia (el velo permanece)	Da acceso (el velo se rasgó, Mt. 27:51)
Reglas externas	Transformación interna
Conduce a muerte (Rom. 7:10)	Conduce a vida (Rom. 8:2)

La Ley era un espejo. Podía mostrar tu pecado, pero no podía lavarlo.

La gracia es el agua. Limpia. Renueva. Te hace completo.

La cruz nunca representó lo que podíamos hacer por Dios. Siempre mostró lo que Dios hizo por nosotros.

Sección 2: La Fe que Agrada a Dios

Hay días en los que la fe se siente fácil porque nuestras oraciones son respondidas, nuestros caminos están claros y la presencia de Dios se siente cercana. Pero el tipo de fe que realmente agrada a Dios no se prueba en esos momentos. Se forja en el fuego. Se levanta en la oscuridad, cuando la vida duele, cuando las preguntas superan a las respuestas, y cuando lo único que puedes hacer es resistir.

Es allí donde la fe deja de ser un sentimiento y se convierte en una decisión: una elección arraigada en confiar en Dios, incluso cuando todo a tu alrededor se desmorona. Durante mucho tiempo pensé que la fe requería confianza, declaraciones audaces, proclamar promesas y mantenerse firme frente a la adversidad. Y sí, hay un lugar para eso. Pero la verdadera fe es más profunda. No se trata solo de ser valiente. Se trata de ser dependiente. A veces no es estar erguido, sino levantarse de la cama después de una noche de lágrimas. Es presentarse a la adoración cuando tu corazón está roto. Es susurrar oraciones cuando Dios parece guardar silencio. Es decir: «Todavía creo», cuando nada tiene sentido.

Creer Sin Ver

Hebreos 11, conocido como el «Salón de la Fe», comienza con esta poderosa frase: «La fe es la certeza de lo que se espera, la convicción de lo que no se ve». Esa es la tensión. La fe no se prueba por lo que ves, se mide por en quién confías.

- Abel presentó una mejor ofrenda.

- Noé construyó un arca mientras el cielo estaba despejado.

- Abraham salió de su casa sin saber a dónde iba.

- Sara creyó por un hijo después de décadas de espera.

- Moisés dejó atrás un palacio para pararse con los esclavos.

La mayoría murieron sin ver el cumplimiento de sus promesas. Pero, aun así, creyeron. Eso es lo que agradó a Dios. No la perfección. No los resultados. **Persistencia. Obediencia. Fe.**

Cuando la Fe se Encuentra con el Dolor

La verdadera prueba de la fe aparece en el sufrimiento. Puedes predicar acerca de confiar y cantar acerca de la esperanza, pero cuando tu corazón se rompe —cuando llega la muerte, cuando las oraciones no reciben respuesta, cuando los sueños se hacen añicos— es cuando se revelan tus creencias más profundas.

Recuerdo la noche en que mi primer hijo, **José Ramón**, murió. Apenas seis años, arrebatado tan repentinamente por meningitis bacteriana. Sostuve su cuerpo en mis brazos, entumecido, quebrado, sin poder respirar. No había palabras, solo dolor y silencio. El tipo que sacude el alma.

Años después, mi hijo **Carlos Miguel** fue asesinado. Tenía cuarenta y cuatro años. Padre. Un hombre con futuro. Y una vez más, estuve frente a una tumba, enterrando otro pedazo de mi corazón. Ambas veces pregunté: «¿Por qué, Señor?» Y ambas veces, el cielo guardó silencio.

Pero esto aprendí: **Dios no me dio respuestas. Me dio a Él mismo.** La fe en esos momentos no se veía como gritos; se veía como sobrevivir. Era susurrar: «Bendito sea Tu nombre» entre dientes apretados. Era estar de pie cuando quería derrumbarme. Era confiar en Dios, no porque lo entendiera, sino porque lo conocía. **Y Él se quedó.**

La Fe No es Fingir

La fe no significa fingir una sonrisa. No significa recitar versículos cuando tu corazón sangra. No se muestra con oraciones pulidas o presentaciones públicas. **La fe es confiar en Dios cuando no estás bien.** Es venir a Él de todos modos —enojado, confundido, afligido—

y decir: «Todavía creo que eres bueno, aunque no entiendo lo que estás haciendo».

Hebreos 11:6 lo dice claramente: «Sin fe es imposible agradar a Dios». No difícil. **Imposible.** ¿Por qué? Porque la fe es la única manera de acercarse a Dios. No por obras. No por conocimiento. No por esfuerzo religioso. **Solo confianza.** No en ti mismo. No en tus fuerzas. Sino en Aquel que dio Su vida por ti.

Fe Anclada en Cristo

En el bautismo de Jesús, el Padre declaró: «Este es mi Hijo amado, en quien tengo complacencia». Ese mismo placer ahora nos cubre, no por nuestro comportamiento, sino por nuestra creencia. He conocido a muchos que aún intentan ganarse esa aprobación orando más, ayunando más o sirviendo más. Y aunque ninguna de esas cosas es mala, no son el fundamento. **Jesús lo es.** La fe es la llave. Jesús es la puerta.

Y el Padre se complace cuando permanecemos en Su Hijo. Nuestro desempeño no gana Su favor; nuestra confianza en Aquel que nunca falló lo hace. He aprendido que no necesito entender todo lo que Jesús hace para confiar en Él. **Solo necesito permanecer cerca.** Mi fe no está en resultados. Está en relación.

Cuando Aún Crees

La fe no borra el dolor. No elimina la duda. Pero redefine cómo caminamos a través de ambos. La fe dice: «No estoy bien, pero no voy a soltarme». No significa que nunca caigas. Significa que cuando caes, caes en gracia. Significa que cuando lloras, lloras con esperanza. Significa que cuando preguntas, sigues confiando en Aquel que nunca ha fallado.

Y ese tipo de fe —la fe cruda, sin filtros, la que dice «sigo aguantando»— es la que conmueve el corazón de Dios.

Así que, si aún estás susurrando el nombre de Jesús en la oscuridad…

Si aún te presentas aunque duela…

Si aún eliges creer, incluso cuando todo te dice que renuncies…

Esa fe le agrada.

No porque sea fuerte. No porque sea ruidosa. Sino porque es real. Porque está anclada. Porque confía en el que es fiel, aun cuando nosotros no lo somos. ¿Y ese tipo de fe? **Es la que te sostendrá hasta el final.**

Sección 3: Dejar Atrás la Ley

La parte más difícil del camino cristiano es permanecer en la gracia después de haberla recibido. La mayoría de nosotros venimos a Jesús de la manera correcta: quebrantados, humillados y conscientes de que nunca podríamos ganar el amor de Dios. Nos aferramos a la gracia como a un salvavidas, confesando nuestra necesidad y abrazando el perdón. Pero en algún punto del camino, algo cambia. Comenzamos a medirnos de nuevo, por nuestro desempeño, nuestro progreso y nuestra capacidad de no caer.

Poco a poco, silenciosamente, volvemos al mismo sistema del que Jesús nos liberó. Empezamos en el Espíritu, pero tratamos de terminar en la carne. En lugar de permanecer en Cristo, comenzamos a esforzarnos por Él. Cambiamos dependencia por disciplina. Reemplazamos la intimidad con esfuerzo. Y sin darnos cuenta, comenzamos a caminar con los fariseos, personas que conocían la Ley, pero no al Señor.

Cristianos que Viven como Fariseos

Recuerdo sentarme con un joven llamado Héctor. Creció en la iglesia, fiel a las reglas, conocedor de la Escritura, pero exhausto. Se le notaba en su postura. Parecía alguien cargando una mochila llena de ladrillos.

«Yo hago todo lo que se supone que debo hacer —dijo— Oro. Ayuno. Diezmo. No bebo. No maldigo. Pero siento… nada. Sin gozo. Sin paz. Solo presión».

Le pregunté con suavidad: «¿Cuándo fue la última vez que estuviste con Jesús, no para ganarte algo, solo para estar con Él?»

Me miró fijamente por un largo momento. «No sé si alguna vez he hecho eso».

Esa conversación se quedó conmigo. Héctor amaba a Dios, pero aún vivía bajo la ley. No quizá la Ley mosaica, pero sí una versión autoimpuesta que se parecía a un marcador de desempeño. Una lista de verificación de justicia. Una fe que comenzó en gracia, pero se convirtió en carga. Y no es el único.

Los fariseos eran las personas más religiosas en los días de Jesús. Diezmaban, ayunaban, memorizaban las Escrituras y cumplían la ley con disciplina intensa. Pero cuando Jesús se presentó ante ellos, lleno de gracia y de verdad, no pudieron reconocerlo. ¿Por qué?

Porque su identidad no estaba en Dios. Estaba en su capacidad de seguir las reglas. Y cuando Él ofreció misericordia a quienes no la habían «ganado» lo vieron como una amenaza. No podían celebrar la gracia porque no creían necesitarla. Pero aquí está la verdad: **si perdemos la gracia, perdemos a Jesús.**

Las Cartas de Pablo: Una Advertencia y un Rescate

Eso fue exactamente lo que Pablo combatió tan apasionadamente. Una y otra vez, en casi todas sus cartas, advirtió a la Iglesia primitiva que no regresara a la ley.

- A los Gálatas: «¡Oh gálatas insensatos! ¿Quién los fascinó? Habiendo comenzado por el Espíritu, ¿van a acabar ahora por la carne?» (Gál. 3:1–3).

- A los Colosenses: «¿Por qué se someten a preceptos tales como: "No manejes, no gustes, no toques"? Todos estos son mandamientos y doctrinas de hombres, y con el uso se destruyen» (Col. 2:20–22).

- A los Romanos: «Ya que por las obras de la ley ningún ser humano será justificado delante de Él; porque por medio de la ley es el conocimiento del pecado» (Rom. 3:20).

El mensaje era claro: la ley podía revelar el pecado, pero nunca podía quitarlo. Solo la gracia podía hacerlo. Pablo sabía por experiencia lo que era vivir bajo el peso del desempeño. Había sido fariseo de fariseos. Pero cuando conoció a Jesús, su marcador se hizo añicos. Su estatus no significó nada. Y desde ese momento hizo de su misión proclamar un evangelio de gracia, no solo para la salvación, sino para la santificación.

La Ley Divide; La Gracia Une

Uno de los efectos más peligrosos del legalismo es que no solo daña tu caminar con Dios, también daña tus relaciones con otros. La ley divide. La gracia une. Cuando vives por reglas, comparas. Compites. Juzgas. Te vuelves suspicaz de quienes no adoran como tú, no se visten como tú o no interpretan la Escritura como tú.

¿Pero la gracia? La gracia nivela el terreno. Nos recuerda que todos estábamos perdidos. Que todos fuimos salvos de la misma manera: por misericordia, no por méritos. Hace años me uní a un ministerio en prisión donde voluntarios de todos los trasfondos servían juntos: católicos, pentecostales, bautistas y carismáticos. Nadie discutía teología. Estábamos demasiado ocupados lavando pies, imponiendo manos y viendo a Dios obrar. La gracia nos había reunido, y el Espíritu nos había hecho uno.

Eso es lo que hace la gracia. Derriba muros. Construye puentes. Abre espacio en la mesa.

Jesús No Murió para Modificar la Ley; Él Vino a Cumplirla

Algunos creyentes todavía intentan mezclar pactos. Confían en Jesús para salvación, pero se aferran a reglas para justicia. Pero Jesús no vino a remendar el sistema antiguo. Vino a cumplirlo y luego reemplazarlo con algo mejor.

Cuando clamó en la cruz: «Consumado es», no estaba hablando solo de Su sufrimiento. Estaba declarando el fin de un sistema. El velo se rasgó. El antiguo pacto terminó. Y nació un nuevo camino: por la fe. Ya no vivimos bajo un ministerio de condenación. Vivimos bajo un ministerio de justicia. No ganado, sino dado.

La cruz no bajó el estándar, lo cumplió. Y ahora, en lugar de ser impulsados por el miedo, somos atraídos por el amor.

La Gracia No Baja la Barra, Cambia el Corazón

Algunos temen que predicar gracia lleve al compromiso, que, si la gente cree que está perdonada, dejará de esforzarse por vivir en santidad. Pero esto es lo que he visto: cuando la gracia es verdaderamente recibida, produce más santidad, no menos. Porque la gracia limpia lo de afuera, pero también purifica lo de adentro.

Cuando el Espíritu Santo te sella, no solo marca tu frente. Transforma tus deseos. Te convence, no para avergonzarte, sino para moldearte. Te aparta del pecado, no porque temas ser descubierto, sino porque amas a Aquel que te salvó.

Ese es el fruto de la gracia. No es pasividad. Es poder. No es permiso para pecar. Es el poder para vencer el pecado.

Regresa a la Gracia

Si estás cansado de actuar…

Si sientes que nunca haces lo suficiente…

Si tu fe se siente como una carga en lugar de una bendición…

Vuelve. De regreso a la cruz. De regreso a la gracia que te encontró. De regreso al Salvador que todavía susurra: «Eres mío». No tienes que ganarte lo que Jesús ya te dio. No tienes que arreglarte para ser amado. No tienes que cargar el peso de la ley nunca más. Nunca fuiste hecho para eso.

Así que deja a un lado tu portapapeles espiritual. Rompe tu marcador de puntos. Y descansa en la obra terminada de Cristo. Porque la gracia no es solo el punto de partida de tu fe. **Es todo el viaje.**

Preguntas para Reflexionar

Deja de intentar ganar lo que Dios ya te ha dado.

- ¿Has estado tratando de probar tu valor ante Dios o de recibir Su gracia?

- ¿Hay áreas en las que has juzgado a otros más por reglas que por amor?

- ¿Cómo se sentiría descansar en la aceptación de Dios en lugar de esforzarte por alcanzarla?

Recuerda: La gracia significa que ya no tienes que fingir. Solo tienes que venir.

Capítulo 6:

Oración, Ayuno y Devoción Verdadera

Sección 1: Aprendiendo a Orar de Nuevo

Hubo una temporada en mi vida en la que la oración se sentía más como una tarea que como un deseo. Yo sabía cómo orar, lo había hecho por años. Conocía las palabras correctas, el ritmo esperado y el tono espiritual. Pero en algún punto de la rutina, perdí el asombro. La oración se convirtió en una lista de pendientes. Predecible. Controlada.

Un día, durante lo que yo llamaba mi «tiempo devocional», me senté, cerré los ojos, abrí la boca... y no salió nada. Solo silencio. Lo intenté de nuevo. Aún nada. Por un momento pensé: *¿Qué me pasa?* Pero en ese silencio me di cuenta de algo más profundo: no me había quedado sin palabras, me había quedado sin religión. Y Dios me estaba llamando a algo más. Ese día tuve que aprender a orar de nuevo.

La Oración Modelo de Jesús: No Repetición, Sino Revelación

Había escuchado el Padre Nuestro toda mi vida: «Padre nuestro que estás en los cielos...» Se recitaba en funerales, en cultos, grabado en placas. Lo respetaba, pero lo malinterpretaba. Pensaba que era un guion sagrado, una recitación pulida. Pero Jesús no nos dio un guion, nos dio una estructura. No lo diseñó para ritual, sino para revelación. Él dijo: «Cuando oren, no usen vanas repeticiones... Oren así» (Mateo 6:7–9). En otras palabras: no actúen. Sean reales.

La primera vez que me detuve y medité de verdad en esa oración, quedé desarmado. «Padre nuestro...» No Juez. No Capataz. *Padre*. Esa sola palabra lo cambió todo. Yo había predicado incontables veces sobre el amor de Dios. Pero decir «Padre» y creerlo... eso era nuevo. Me llevó a preguntar: ¿Me acerco a Dios como hijo o como empleado? ¿Había estado rindiéndole informes en lugar de descansar en Él?

Cada línea del Padre Nuestro desmanteló mi desempeño:

- «Santificado sea tu nombre…»: Adoración. Pasar de mí mismo a Su gloria.

- «Venga tu reino…»: Rendición. Su voluntad, no la mía.

- «Danos hoy nuestro pan de cada día…»: Confianza. Un día a la vez.

- «Perdónanos…»: Humildad. No estoy por encima de la corrección.

- «No nos dejes caer en tentación…»: Dependencia. No puedo hacerlo solo.

La oración no es un recital. Es un camino hacia la intimidad.

La Oración que Cambió Mi Vida

El cambio no ocurrió en una carpa de avivamiento, ocurrió en mi auto. Después de una semana difícil en el ministerio, me subí al volante, apagué la radio y me senté en silencio. Sin palabras. Sin fuerzas. Finalmente susurré: «Padre… estoy cansado». Eso fue todo. Sin tono espiritual. Sin inglés de Reina Valera. Solo honestidad. Lo que siguió no fue trueno ni visiones. Fue paz, seguida de una tranquila conciencia de la presencia de Dios. Sentí que me decía: «Lo sé. Y aquí estoy». Ese fue el momento en que la oración volvió a ser real. En ese momento yo no era un pastor, era un hijo. Y el Señor me encontró, no por mis palabras impresionantes, sino porque vine con un corazón abierto.

Desde entonces, mis oraciones han cambiado. Oro mientras camino, conduzco, o doblo la ropa. Pregunto: «¿Qué piensas de esto?». Digo «gracias» con frecuencia. Dejé de intentar impresionar al cielo y comencé a hablar con mi Padre.

Cuando las Palabras No Llegan

¿Pero qué pasa cuando el dolor es tan profundo que no hay palabras? Después de la muerte de mi hijo Carlos, me senté en mi habitación sosteniendo su chaqueta. No podía hablar. No podía orar. Solo lloraba. Y en ese silencio, el Espíritu Santo me recordó Romanos 8:26: «El Espíritu nos ayuda en nuestra debilidad… con gemidos indecibles».

La oración, me di cuenta, no siempre es verbal. A veces es un suspiro. A veces es una lágrima. Dios habla ese idioma con fluidez. No espera elocuencia. Espera honestidad.

Orar es Ser Realista, No Hacerlo Bien

Así que, si tu vida de oración se siente seca o distante, no te rindas. Empieza de nuevo. Busca un espacio tranquilo. Susurra Su nombre. Si lo único que puedes decir es «Ayúdame», dilo. Si solo tienes lágrimas, entrégalas. La oración no se construye sobre el desempeño. Está enraizada en la presencia. No se trata de sonar santo, se trata de ser íntegro. Aprende a orar de nuevo. No como antes. Sino como Jesús nos enseñó. Como un hijo. Como una hija. Como alguien que sabe que su Padre escucha. Porque Él lo hace. Y siempre lo ha hecho.

Sección 2: La Disciplina del Ayuno

El ayuno no se volvió real para mí hasta una de las temporadas más oscuras de mi vida. Ya había ayunado antes —ayunos de Daniel, ayunos de jugos, ayunos congregacionales— pero la mayoría de esos se sentían como rutinas. Conocía la estructura. Sabía lo que se esperaba. Pero esta vez fue diferente. No estaba ayunando por tradición, ni siquiera por un «milagro» específico. Estaba ayunando porque estaba desesperado por sentir la presencia de Dios cuando todo lo demás se sentía vacío.

Una mañana, de pie en mi cocina, tenía hambre física, pero no solo de comida. Quería claridad. Anhelaba paz. Necesitaba saber que Dios aún estaba cerca. Así que comencé. Sin anuncios. Sin plan espiritual. Solo agua, silencio y oración. Y en ese espacio, me sentí más ligero tanto en cuerpo como en alma.

El Ayuno en la Escritura: Enfoque Sobre Fórmula

A lo largo de la Escritura, el ayuno es un patrón sagrado de rendición. Moisés ayunó antes de recibir la Ley. Ester ayunó antes de presentarse ante el rey. Jesús ayunó antes de iniciar Su ministerio.

En cada caso, el ayuno no fue una actuación espiritual, fue preparación. Nunca tuvo la intención de ganarse la atención de Dios, sino de quitar las distracciones para poder escuchar Su voz.

Jesús no ayunó para impresionar a nadie, sino para alinearse con la voluntad del Padre. Entró al desierto lleno del Espíritu y salió en poder. Eso es lo que hace el ayuno: no crea poder, crea espacio para que el poder de Dios se manifieste.

El ayuno no siempre implica comida. Puedes ayunar de medios de comunicación, distracciones sociales, entretenimiento, cualquier cosa que nuble tu capacidad de oír a Dios. He aprendido que el Espíritu muchas veces nos llama a ayunar en momentos inesperados, no solo en eventos programados por la iglesia. El verdadero ayuno es guiado por el Espíritu, no por el calendario.

Cuando el Ayuno se Vuelve Actuación

Hubo un tiempo en el que yo ayunaba más para ser notado que para ser transformado. No lo decía en voz alta, pero en el fondo esperaba que alguien admirara mi sacrificio. Pensaba que la madurez espiritual significaba empujar tu cuerpo al límite en nombre de la devoción. Pero Jesús nos advirtió sobre esa mentalidad: «Cuando ayunen, no pongan cara triste, como los hipócritas... ya tienen su recompensa» (Mateo 6:16).

Ese versículo me confrontó. Si tu meta es la admiración humana, ese aplauso será tu única recompensa. Dios me tuvo que hacer una pregunta que cambió mi postura: «Si nadie sabe que estás ayunando, ¿soy Yo suficiente para ti?» Esa pregunta expuso mucho: mis motivos, mi ego, mi miedo a la insignificancia. Me obligó a dejar de anunciar mi hambre y empezar a cultivarla en secreto. Una vez que lo hice, el ayuno se volvió menos sobre desempeño y más sobre presencia. Me enfoqué menos en lo que estaba dejando y más en a quién me estaba acercando.

El Ayuno en la Práctica: Simplicidad con Propósito

El ayuno es tanto espiritual como físico, así que requiere sabiduría. Si tu trabajo es físicamente exigente o tienes condiciones médicas, ayuna con responsabilidad. No intentes probar tu devoción con medidas extremas. Empieza pequeño: omite una comida, aparta tu teléfono, apaga el ruido. Enfócate en Él. Pero no solo quites algo, sustitúyelo. Llena ese espacio con oración, Escritura o adoración. Cuando yo ayuno, programo momentos para sentarme en silencio, meditar en la Palabra o simplemente hacerle preguntas a Dios y escuchar.

Una noche, mientras caminaba en un santuario oscuro durante un ayuno, sentí que el Espíritu Santo depositó en mí una impresión que desbloqueó dirección que había buscado durante meses. No vino del esfuerzo, vino de la quietud. El ayuno no se trata de torcerle el brazo a Dios. Se trata de sintonizar tu corazón para oír Su susurro.

Gente Real, Respuestas Reales

Una hermana en nuestra iglesia, Yamalis, ayunó durante una crisis en su matrimonio. En lugar de tratar de cambiar a su esposo, ayunó para buscar la paz de Dios. Su esposo no cambió de inmediato, pero ella sí. Su corazón se ablandó. Sus oraciones se profundizaron. Su postura cambió. Y con el tiempo, la transformación en ella comenzó a abrir espacio para la sanidad en su hogar.

Ese es el poder del ayuno. No siempre cambia tus circunstancias, pero siempre te cambia a ti. El ayuno revela lo que está escondido bajo la superficie. Expone orgullo, miedo y control. Profundiza tu dependencia de Dios. Y en ese espacio, ocurren los verdaderos cambios, no porque los hayamos ganado, sino porque finalmente hicimos lugar.

Del Ritual de Emergencia al Ritmo Espiritual

Yo solía ayunar solo cuando necesitaba algo: sanidad, una respuesta financiera, o una decisión importante. Pero al madurar, entendí que el ayuno no estaba destinado a ser un freno de emergencia espiritual. Está destinado a ser un ritmo de rendición.

Hoy, ayuno regularmente, no siempre para obtener respuestas, sino para mantener mi espíritu en alineación. Cuando la vida se vuelve ruidosa, el ayuno baja el volumen. Me recuerda que no vivo solo de pan, sino de toda palabra que sale de la boca de Dios (Mateo 4:4). Incluso ayunar de redes sociales o de conversaciones innecesarias por un día puede ayudarte a reconectar. Dios honra el hambre, especialmente cuando es sincera.

A menudo animo a los nuevos creyentes a empezar con una sola comida. Empieza simple. No lo conviertas en un espectáculo espiritual. Hazlo sobre buscar el rostro de Dios.

Tabla: Tipos de Ayunos en la Escritura y su Propósito

Tipo de ayuno	Referencia bíblica	Propósito	Aplicación moderna
Ayuno absoluto	Ester 4:16; Hechos 9:9	Dependencia urgente	Sin comida ni agua, corto, enfoque espiritual urgente
Ayuno normal	Mateo 4:2; Lucas 4:2	Claridad y consagración	Solo agua por un tiempo limitado
Ayuno parcial	Daniel 10:3	Duelo, sencillez, búsqueda de Dios	Ayuno de Daniel, omitir comidas, ayuno de medios

Tipo de ayuno	Referencia bíblica	Propósito	Aplicación moderna
Ayuno corporativo	Joel 2:15–16	Arrepentimiento nacional, unidad	Ayuno liderado por la iglesia o en grupos
Ayuno privado	Mateo 6:16–18	Intimidad personal, humildad	Hecho en secreto, guiado por el Espíritu, con oración
Ayuno por dirección	Hechos 13:2–3	Guía para llamado y decisiones	Claridad en carrera, ministerio o relaciones
Ayuno por libertad	Isaías 58:6	Romper cadenas, sanidad espiritual	Liberación de adicciones o ataduras

Cada uno de estos ayunos nos enseña algo distinto. Pero todos comparten el mismo núcleo: **rendición.**

El Ayuno No Se Trata de lo que Pierdes, Sino de a Quién Ganas

El ayuno despeja distracciones. Recentra el alma. No es una huelga de hambre; es una invitación santa. No estás intentando ganarte el amor de Dios, te estás posicionando para recibirlo más profundamente.

¿La recompensa? No solo respuestas. No solo oraciones contestadas. La recompensa es *Él.* Su voz. Su presencia. Su paz. Cuando ayunas con ese entendimiento, incluso el rugido de tu estómago se convierte en adoración. Cada comida omitida se convierte en un altar. Cada momento de debilidad se convierte en una puerta hacia Su fuerza.

Sección 3: Construyendo un Estilo de Vida de Devoción

Una de las verdades más importantes que he aprendido es esta: la devoción no es algo que sucede de una sola vez. No se forja en un solo llamado al altar ni en una experiencia emocional. No es un «subidón espiritual» que se desvanece con el tiempo. La devoción se construye como una casa: ladrillo a ladrillo, día tras día, a través de cada pequeña decisión de buscar a Dios una vez más.

Durante años pensé que la espiritualidad profunda significaba largas horas, disciplinas complejas o encuentros dramáticos. Pero cuanto más caminaba con el Señor, más veía que la verdadera devoción a menudo crece en lo callado y en lo ordinario. No es un espectáculo. Es una postura.

El Poder de Quince Minutos

Cuando discipulo a nuevos creyentes, suelen hacerme la misma pregunta: «¿Por dónde empiezo?» La Biblia se siente abrumadora, y la oración parece intimidante. La adoración suena como algo reservado para los músicos de la iglesia. Quieren ser fieles, pero no saben cómo.

Siempre les doy el mismo reto que he dado por años: empieza con **quince minutos al día.** Cinco minutos en la Palabra, cinco minutos en oración y cinco minutos en silencio o reflexión.

La meta no es marcar una casilla, sino construir un ritmo. En ese espacio, tu alma puede reconectarse con Dios. He visto cómo esta práctica simple transforma vidas. Un joven que mentoreaba, Gabriel, quería crecer, pero luchaba con la constancia. Le dije: «Empieza pequeño. No intentes ser un gigante espiritual de la noche a la mañana. Solo preséntate». Y lo hizo.

La primera semana fue desordenada. No siempre entendía lo que leía. Su mente divagaba en la oración. Pero perseveró. Para la cuarta semana, algo cambió. Me dijo: «Lo extraño cuando no lo hago». Ese es el cambio de disciplina a deseo. Así es como nace la devoción.

Ritmos Diferentes, la Misma Búsqueda

La devoción no se verá igual en todos. Algunos oran mejor en la mañana, otros en la noche. Algunos caminan mientras oran, otros escriben. Algunos cantan, otros lloran. El punto no es el método, es la **búsqueda.**

Para mí, el diario espiritual ha sido un ancla. Siempre me costó mantener la concentración. Pero cuando comencé a escribir mis pensamientos, oraciones y pasajes bíblicos, encontré claridad. Mi cuaderno se convirtió en una conversación con Dios, un lugar para luchar, escuchar y recordar.

La adoración también se volvió parte de mi ritmo personal. No solo los domingos en la mañana, sino en mi auto, en mi oficina y al caminar por mi vecindario. Una noche, durante un ayuno, canté suavemente una canción que conocía desde hace años. Mientras cantaba, la presencia de Dios llenó el lugar. No necesitaba un coro ni un escenario. Solo un corazón dispuesto.

Qué Hacer Cuando Te Caigas

Seamos honestos: construir un estilo de vida de devoción es difícil. La vida es ruidosa. Los hijos necesitan tu atención. El trabajo consume tu energía. Pierdes un día, luego otro, y pronto la culpa aparece.

Yo también he estado ahí. He pasado por temporadas secas en las que la Biblia permaneció cerrada. En las que mis oraciones eran más suspiros que frases. En las que la adoración se sentía como esfuerzo, no como encuentro. Pero aquí está lo hermoso de la gracia: **la devoción no se mide por rachas. Se revela en cuántas veces regresas.** Cuando te alejes, solo vuelve.

No tienes que empezar con horas. Solo susurra Su nombre. Abre la Biblia otra vez. Siéntate en quietud. Preséntate. Eso es devoción: estar presente, no ser perfecto. Jesús nunca regañó a los discípulos por quedarse dormidos en Getsemaní. Solo les pidió que permanecieran con Él. Eso es lo que también nos pide a nosotros.

El Combustible del Amor, No de la Obligación

Solía pensar que la madurez espiritual significaba disciplina estricta: despertar a las 5 a.m., leer cinco capítulos, orar una hora. Hay valor en el compromiso, pero si está impulsado por miedo, se convierte en religión. Si está impulsado por amor, se convierte en vida.

La disciplina es buena, pero debe fluir del deleite. Estas prácticas —Escritura, oración, adoración— no son deberes. Son oxígeno. No las haces para ganarte el favor de Dios. Las haces porque ya lo tienes.

Una vez mentoreé a una joven que hacía todo correctamente —devocionales, estudios bíblicos, diarios de oración—, pero estaba agotada. Le pregunté: «¿Y si simplemente disfrutas de Jesús por un tiempo?»

Se quedó sorprendida. «No sé cómo».

Así que simplificamos su ritmo. Caminaba y hablaba con Dios. Se sentaba con su Biblia y una taza de té, procurando no apresurarse ni analizar, solo recibir. Semanas después me dijo: «Siento que puedo respirar de nuevo». La devoción no se forma bajo presión. Se cimenta en la presencia.

Jesús es la Recompensa

¿Cuál es la meta de la devoción? No el desempeño espiritual. No la superioridad moral. **La meta es Jesús.** Conocerlo. Ser como Él. Ser transformados en Su presencia.

La devoción produce fruto, sí. Trae más sabiduría, paz profunda y una fe más fuerte. Pero la verdadera recompensa es Aquel con quien te encuentras en el proceso. Jesús no murió para hacernos religiosos. Murió para acercarnos. Así que, ya sea que apenas estés empezando o estés empezando de nuevo, comienza con lo que tienes. Quince minutos. Unas palabras sinceras. Una canción. Un pasaje bíblico. Una entrada en tu diario. Eso basta. Dios no está calificando tu desempeño. Está recibiendo tu corazón. Y con el tiempo, esos momentos diarios te formarán. Profundizarán tus raíces. Se convertirán en el lugar donde regresa el gozo y se renueva la fe.

La Devoción No Está Hecha Para Cargarla Solo

Una última verdad: la devoción es personal, pero nunca debe ser aislada. Incluso Jesús —que solía apartarse para orar— caminaba en comunidad. La iglesia primitiva ayunaba, oraba y adoraba en comunidad. Y nosotros también deberíamos hacerlo.

No intentes construir tu vida espiritual en soledad. Encuentra un grupo pequeño. Pide a un amigo que te acompañe. Comparte tus ritmos y tus luchas. Porque cuando dos o tres se reúnen, incluso imperfectamente, Cristo está en medio. La devoción se vuelve sostenible cuando es compartida.

Preguntas para Reflexionar

La devoción no es perfección. Es presencia. Comienza donde estás.

1. ¿Cómo describirías tu tiempo con Dios: floreciente, seco o inconsistente?

2. ¿Qué te impide encontrarte con Dios cada día?

3. ¿Cuál es una manera sencilla en que puedes empezar a hacer espacio para Él de nuevo?

No necesitas horas. Solo necesitas un corazón dispuesto.

Capítulo 7:

Dar y Apoyar lo que Crees

Sección 1: Jesús y los Apóstoles Recibieron Apoyo

A menudo imaginamos a Jesús caminando por los polvorientos caminos de Galilea con nada más que la ropa en Su cuerpo y el poder de Dios en Sus manos. Y aunque no llevaba riquezas materiales, Jesús no llevó a cabo Su misión terrenal en soledad. Muchas personas —héroes silenciosos— dieron de lo que tenían y ayudaron a cargar el peso práctico del ministerio. Daban no porque a Jesús le faltara, sino porque creían en Su misión.

El ministerio siempre ha requerido más que oración y pasión: también requiere apoyo práctico. Jesús abrazó esa realidad. Permitió que otros dieran, no para Su comodidad, sino para invitarlos a la obra del Reino. Dar no es un acto de caridad, es discipulado. Cuando damos a aquello en lo que creemos, no solo estamos financiando una causa; estamos invirtiendo en los propósitos de Dios y declarando: «Soy parte de esto».

Lucas 8:1–3 nos habla de María Magdalena, Juana, Susana y muchas otras que proveyeron para Jesús y los discípulos con sus propios recursos. Estas mujeres no solo siguieron a Jesús; financiaron Su ministerio. María Magdalena, que había sido liberada de siete demonios, dio porque recordaba lo que Jesús había hecho por ella. Apoyar la misión iba más allá del deber, era una expresión de gratitud.

Ese tipo de dar es sagrado. No es transaccional, es personal. No se trata de presupuestos, se trata de misión. Y Jesús no las detuvo. Les permitió dar; no lo necesitaba, pero quería que participaran.

Es conmovedor darse cuenta de que el Creador de todo permitió que otros lo apoyaran. Él pudo haber provisto milagrosamente cada vez, pero en su lugar, acogió la asociación. Esto revela algo profundo del corazón de Dios: Él desea trabajar con nosotros. Invita nuestras manos, nuestros recursos y nuestra participación.

Lo he visto en la iglesia: una madre soltera diezma a pesar de su ingreso limitado. Una pareja joven da a las misiones. Un anciano trae su ofrenda cada domingo sin falta. Como la viuda que dio dos pequeñas monedas en el templo, no es la cantidad lo que importa, es la fe detrás de ello. Jesús dijo que ella dio más que todos los demás porque lo hizo desde su necesidad y confianza.

Dar no prueba nuestra devoción, pero sí suelta nuestro apego a las cosas y nos permite confiar en Dios. Moldea nuestro corazón, alineándonos con lo que más importa. No olvidemos que el ministerio tiene costos reales. Edificios, comida, viajes y Biblias requieren recursos. En Hechos 4, los creyentes vendían sus posesiones y compartían todo para que nadie tuviera necesidad. No fueron presionados, fueron conmovidos. Su generosidad surgió de una visión compartida y una profunda unidad.

Recuerdo cuando nuestra iglesia apoyó a una pareja misionera en el extranjero. Nuestro presupuesto era ajustado, pero el Espíritu lo dejó claro: «Has sido bendecido para ser de bendición». Con fe, dimos. Meses después, esa pareja nos escribió diciendo que nuestro apoyo llegó justo cuando estaban enfrentando un desalojo. Ese don se convirtió en un salvavidas.

También lo he vivido personalmente. Hubo momentos en que dar fue difícil, especialmente cuando las cuentas se acumulaban, pero elegí confiar en Dios con mis primicias. Y Él siempre abrió camino: a veces a través de un trabajo inesperado, otras veces mediante provisión que no tenía explicación, excepto Su gracia. Pero siempre fue fiel.

Jesús enseñó: «Donde esté tu tesoro, allí estará también tu corazón» (Mateo 6:21). No es solo un recordatorio, es una prueba de realidad. Donde invertimos revela lo que valoramos. Entonces pregunto: ¿Qué estás construyendo? ¿Qué estás apoyando? Todos damos a lo que amamos. Suscripciones, ropa, restaurantes; invertimos en nuestra comodidad. Pero Jesús nos llama a más, recordándonos que invirtamos en lo que da vida a otros. Da a lo que avanza Su Reino.

Cada dólar, cada comida y cada acto de servicio se convierte en parte de algo eterno. Puede que nunca prediques, pero cuando das a la misión, estás en la misión. Estás alimentando al hambriento, discipulando a la próxima generación y enviando el Evangelio. Eres parte del milagro. Así que no subestimes tu papel. No desprecies tu don.

Y no olvides: Jesús todavía usa a personas como María, la iglesia primitiva, y a ti para llevar adelante la obra.

No porque Él necesite nuestra ayuda, sino porque quiere nuestro corazón. Dar no se trata de soltar dinero, se trata de participar en milagros. Y todo milagro comienza con un corazón que dice: **«Señor, todo lo que tengo es Tuyo. Úsalo».**

Sección 2: Dar con Propósito

Cuando la gente escucha la palabra «dar» en la iglesia, las reacciones varían. Algunos se inclinan con gozo. Otros se ponen tensos con sospecha. Y es comprensible; después de todo, demasiados han sido heridos por predicaciones manipuladoras, medias verdades disfrazadas de doctrina y ministerios que prometieron bendiciones a cambio de cantidades de dinero.

Todos lo hemos visto. Eslóganes llamativos. Promesas de un retorno al ciento por uno. Una transacción disfrazada de fe. Pero eso no es el dar bíblico. Eso no fue lo que enseñó Jesús. El tipo de dar que transforma vidas —y honra a Dios— no está impulsado por presión ni por prosperidad. Está arraigado en la **asociación.** Es un **acto de adoración**, no de apuesta. Es decir: «Señor, creo en lo que estás haciendo, y quiero ser parte de ello».

No Evangelio de Prosperidad, Sino Asociación en el Reino

Hace años, me senté con una pareja joven que recientemente había regresado al Señor después de muchos años apartados. Apenas podían pagar la renta. Un día me preguntaron: «¿Tenemos que diezmar para ser bendecidos?»

Les respondí: «No, no para ser amados por Dios. Eso es gracia. Pero si quieren crecer con Dios, confíen en Él con todo. No para ganar bendición, sino para caminar con Él».

Semanas después, comenzaron a dar fielmente. Sus corazones cambiaron. Se ofrecieron como voluntarios, sirvieron y oraron con valentía. Su situación financiera mejoró, no mágicamente, sino a través de prioridades renovadas y la provisión de Dios. El ser fiel no se enfoca en recibir. Es el camino para llegar a ser, ser más como Jesús, que lo dio todo, no por aplausos sino por amor. Sí, Dios bendice el dar. Pero no siempre en dinero. A veces provee paz, unidad, gozo y recompensas que duran toda una vida.

Tiempo, Talentos y Tesoros: Tu Ofrenda Completa

En los primeros días de nuestra iglesia, no teníamos un santuario elegante ni un gran presupuesto, solo gente hambrienta de Dios.

- **Keila** tenía un don para limpiar. Fregaba los pisos con gozo, tarareando himnos mientras trabajaba. Una vez le dije: «No tienes que hacer esto sola». Ella sonrió y respondió: «No lo estoy. Él está aquí conmigo». Esa era su ofrenda.

- **Jason**, carpintero, ayudó a construir nuestro escenario después de largas jornadas. «Este es mi diezmo», dijo, no para recibir crédito, sino para la misión.

- **Myra** entrenaba a nuestro equipo de jóvenes de adoración tras bambalinas, orando por cada ensayo. Su don no era solo su voz, era su corazón.

Dar es mucho más que dinero. Es tu **tiempo**, mentoreando y orando. Tus **talentos**, habilidades usadas para el Reino. Tus **tesoros**, las primicias, no las sobras, ofrecidas con gozo. Y cuando una iglesia da así, el avivamiento echa raíces.

Testimonios Reales de Nuestra Iglesia

He visto milagros, y no vinieron por medio de cheques grandes. Llegaron a través de un dar fiel y gozoso.

Iliana, madre soltera, dio sus últimos $20 un domingo. Después dijo: «No di para recibir algo a cambio. Di para derrotar el miedo». Esa misma semana, una organización sin fines de lucro apareció con comida, ayuda para la renta y regalos de Navidad. Ella no lo pidió; Dios la vio.

También recuerdo cuando orábamos por un edificio para la iglesia. Nos reuníamos en un espacio pequeño rentado. Hicimos un llamado a un dar sacrificial. Nadie dio un regalo enorme, pero todos dieron algo. Un niño dio su mesada. En menos de un año, nos mudamos a nuestro edificio libres de deudas. No construido sobre exageración. Construido sobre **asociación.**

Dar Que Fluye del Amor

El dar revela el alma. Puedes decirme lo que amas, pero tu generosidad lo prueba. El dar verdadero no fluye de la culpa. Fluye del **amor.** Cuando amas algo, inviertes en ello. Cuando encuentras el amor de Jesús, quieres dar, no para pagarle, sino para decir: «Señor, toma lo que tengo. Es Tuyo».

Pablo dijo en 2 Corintios 9:7: «Cada uno dé como propuso en su corazón… porque Dios ama al dador alegre». Dar con alegría significa: «Creo en esto. Confío en Ti, Señor». Dios puede estar llamándote a dar más profundo; no a dar más por presión, sino a darte más a ti mismo. Tu tiempo. Tus talentos. Tu sí. No para ganarte un lugar, sino para servir en la mesa. Porque en el Reino de Dios, no se trata de lo que guardas, se trata de lo que entregas.

Modelos Bíblicos de Dar

Ejemplo	Referencia bíblica	Tema
Abraham a Melquisedec	Génesis 14:18–20	Gratitud
La ofrenda de la viuda	Marcos 12:41–44	Confianza
La ofrenda costosa de David	2 Samuel 24:24	Sacrificio
La iglesia primitiva	Hechos 2 y 4	Unidad
María ungiendo a Jesús	Juan 12:3	Amor extravagante
Los macedonios	2 Corintios 8:1–5	Generosidad gozosa

Dios no necesita nuestro dinero. Él quiere nuestro corazón. Y «donde esté tu tesoro, allí estará también tu corazón» (Mateo 6:21). No financiamos un ministerio, alimentamos una misión. No con cantidades iguales, sino con sacrificio igual. No por obligación, sino por devoción. Damos porque Jesús dio primero y queremos reflejarlo.

Sección 3: Cuando el Dar se Convierte en Adoración

Algunos de los momentos más poderosos en la presencia de Dios no siempre ocurren durante la predicación o el canto. A veces, suceden en silencio, cuando alguien camina en silencio al frente, deja un billete doblado o un sobre en una canasta, y regresa a su asiento con lágrimas en los ojos y confianza en el corazón.

En esos momentos, no es solo dinero lo que se está entregando. Es adoración. El dar se convierte en adoración cuando es más que una transacción. Se convierte en confianza, en acción. A menudo pensamos en adoración como música, sermones o manos levantadas. Pero en la Escritura, la adoración siempre ha estado ligada al sacrificio. En el Antiguo Testamento, los adoradores no solo traían cantos, traían ofrendas: corderos primogénitos, grano, aceite e incienso. Daban lo mejor que tenían, y nunca para comprar el favor de Dios. Lo hacían para honrar Su valor.

Esa verdad no desapareció en el Nuevo Testamento, se profundizó. Jesús nos llamó no solo a cantar, sino a rendirnos. No solo a levantar las manos, sino a entregar lo que amamos. Cuando damos con un corazón puro, no estamos financiando una organización religiosa, estamos declarando nuestra dependencia de Dios. Estamos diciendo: «Confío en Ti más que en mi salario, mis planes o mi necesidad de controlar». Eso es lo que convierte el dar en adoración.

Dar como Confianza: Un Acto Espiritual, No Financiero

Nunca olvidaré el día que Luis, un nuevo creyente en nuestra iglesia, dio su primera ofrenda significativa. Había crecido escéptico de las iglesias, especialmente en lo referente al dinero. «Solo quieren tu dinero», decía. Cargaba esa sospecha en sus primeros pasos con Cristo. Pero un domingo, estudiamos a Abraham e Isaac; la historia de la rendición. Algo hizo clic. Después del servicio, Luis dijo: «Creo que ahora lo entiendo. Dar no se trata del dinero. Se trata de confianza».

La semana siguiente, dio, no por presión o culpa, sino desde un nuevo lugar de libertad. «No tengo mucho —me dijo—, pero no quiero que el miedo dirija mi vida nunca más». Eso es adoración. El tamaño no importa. La rendición sí. Luis no dio para ganarse algo. Dio porque quería confiar en Dios más que en el dinero.

Rompiendo Cadenas de Avaricia y Escasez

Lo que a menudo nos detiene de ser generosos no es la avaricia, es el miedo. El miedo a no tener suficiente. El miedo a ser aprovechados. El miedo de que, si soltamos, no quedará nada. Pero en el Reino, dar no significa pérdida. Significa libertad.

Hace años, nuestra iglesia sintió que debía sembrar en otro ministerio. En ese momento, nuestro presupuesto estaba ajustado. Dudé. Pero el Señor susurró: «Predicas fe, ahora vívela». Así que dimos. Nos estiró, pero también nos liberó. Nos recordó que Dios es el Proveedor, no nuestras hojas de cálculo.

Otra hermana de nuestra iglesia, Cheryl, había crecido en la pobreza. La escasez era su norma, y dar le parecía inseguro. Pero un domingo, algo cambió. Durante la adoración, sacó sus últimos $42. No era la cantidad lo que importaba, era la rendición. Dio con lágrimas.

Ese momento la marcó. Comenzó a dar consistentemente. Su estilo de vida no cambió de la noche a la mañana, pero su espíritu sí. Cargaba paz. Caminaba con valentía. Ya no temía al futuro porque lo había puesto en manos de Dios. Eso es lo que hace el dar. Rompe cadenas. Silencia el miedo. Forma fe.

El Gozo de Sembrar en Vidas Transformadas

Dar no solo transforma al que da, transforma a otros. Salvador llegó a nosotros a través de un ministerio de alcance. Estaba sin hogar y adicto. Le dimos de comer, le ministramos y le regalamos una Biblia. Con el tiempo, conoció a Cristo, dejó las adicciones y se convirtió en mentor de jóvenes. Su vida fue reconstruida. Pero la transformación de Salvador no comenzó con un sermón. Comenzó con personas —donadores silenciosos— que dieron constantemente. Sus ofrendas compraron comida, refugio, consejería y tiempo.

Nunca conocieron a Salvador. Pero sembraron en su redención. Eso es lo que hace el dar. Multiplica. Puede que nunca sepas a quién toca tu regalo. Pero el cielo sí lo sabe.

Cuando Das, el Cielo Se Regocija

En Marcos 12, Jesús observó a una viuda dejar dos pequeñas monedas en la ofrenda. Otros dieron más, pero Él dijo que ella dio lo máximo. ¿Por qué? Porque dio desde su falta, no desde su sobra. Dio en **fe**, no por alabanza. El cielo lo notó. Y el cielo todavía lo nota hoy.

Cuando das con un corazón de adoración, cada dólar se convierte en **semilla**. Cada acto de generosidad se vuelve **santo**. Cada ofrenda dice: «Jesús, Tú lo diste todo; este es mi sí». Así que, si dar te ha parecido una carga o un desencadenante, y manipulaciones pasadas o la escasez te han robado el gozo, llévalo a Jesús.

Déjalo sanar. Déjalo redimir. Déjalo enseñarte a dar de nuevo. No por culpa. No por aplausos. Sino por **gratitud.** Porque cuando das así, no solo estás apoyando una misión, estás convirtiéndote en parte del **milagro.** Estás adorando al Dios que lo dio todo por ti. Estás confiando en Aquel que nunca se agota. Estás sembrando en una cosecha que quizá nunca veas, pero que durará para siempre.

Preguntas de Reflexión

El dar no se mueve por presión externa, fluye del propósito. Es adoración.

1. ¿Qué viene a tu mente cuando escuchas la palabra «dar»?

2. ¿Eres más un espectador o un socio en la misión de Dios?

3. ¿Cómo puedes dar hoy tu tiempo, tu talento o tu tesoro?

Recuerda: Dios no necesita tu regalo. Quiere tu corazón detrás de él.

Parte III:

Propósito y Poder

"Pero tenemos este tesoro en vasos de barro, para que la excelencia del poder sea de Dios, y no de nosotros". —2 Corintios 4:7 (RVR)

Capítulo 8:

Sellados para Salvación; La Iglesia que Dios Visualizaba

Sección 1: *Los términos de Jesús para la salvación*

Jesucristo no vino a establecer una religión. Vino a restaurar la relación al inaugurar el Reino de Dios e invitar a la humanidad de regreso a la comunión con el Padre. Su primer mensaje registrado fue simple y profundo: «El tiempo se ha cumplido, y el reino de Dios se ha acercado; arrepiéntanse y crean en el evangelio» (Marcos 1:15). Con esa sola frase, Él trazó los términos centrales de la salvación: arrepentimiento, fe y rendición.

Contrario a gran parte de lo que se enseña hoy, Jesús nunca redujo la salvación a una fórmula o a una oración recitada. No dijo: «Repitan conmigo». En cambio, invitó a las personas a seguirle de una manera que les costaba todo. La palabra griega para arrepentimiento, *metanoia*, significa un cambio de mente que conduce a un cambio de dirección. Es más que culpa; es transformación. Como el hijo en la parábola de Jesús que al principio se negó, pero luego obedeció (Mateo 21:28–32), el arrepentimiento se valida con la acción.

Cuando el joven rico se acercó a Jesús buscando vida eterna (Marcos 10:17–22), Jesús no le entregó un guion. Miró su corazón y lo desafió en aquello que no quería soltar. «Vende todo lo que tienes», le dijo. No se trataba del dinero, se trataba del apego. Jesús no quería su riqueza. Quería su rendición.

Esto es lo que la salvación demanda: no familiaridad religiosa, sino un nuevo nacimiento. «De cierto, de cierto te digo, que el que no naciere de nuevo, no puede ver el reino de Dios» (Juan 3:3). Este nuevo nacimiento —por agua y por el Espíritu— no es simbólico, es sobrenatural. Restaura el corazón, llena el alma de vida divina e inicia al creyente en la familia de Dios.

El llamado a la salvación es muchas cosas: una invitación al cielo, un llamado a morir al yo, y una convocatoria a vivir una nueva vida en Cristo. Jesús lo aclaró aún más en Lucas 9:23: «Si alguno quiere venir en pos de mí, niéguese a sí mismo, tome su cruz cada día, y sígame».

La verdadera salvación va más allá del entusiasmo espiritual de un momento; requiere obediencia diaria. No es solo creer con la mente, es rendirse con la vida.

Por eso Jesús dio una advertencia seria en Mateo 7:21–23: «No todo el que me dice: Señor, Señor, entrará en el reino de los cielos». Él describió a personas que hicieron grandes obras, echaron fuera demonios y profetizaron en Su nombre, pero no eran conocidos por Él. ¿Por qué? Porque la actividad no es lo mismo que la intimidad. Lo que importa no es el desempeño, sino la relación.

A primera vista, esto puede sonar como una contradicción: el arrepentimiento es acción, pero la salvación es relación. Pero la verdad es esta: una vida transformada es la evidencia de una relación real. El arrepentimiento no es un pago, es una respuesta. La obediencia no es una manera de ganar el amor de Dios, es una respuesta al que ya lo dio todo.

Jesús dijo: «Si me aman, guardarán mis mandamientos» (Juan 14:15). Eso no es legalismo, es amor en acción. La gracia no elimina el llamado a la obediencia, lo capacita. La verdadera gracia transforma el corazón y produce fruto visible.

Esto lo vemos claramente en Mateo 25, donde Jesús comparte parábolas que exponen la diferencia entre la fe genuina y la superficial. Las vírgenes prudentes llegaron preparadas con aceite. Los siervos fieles invirtieron sus talentos. Los justos sirvieron al hambriento, al enfermo y al encarcelado. Su preparación, fidelidad y compasión revelaban la relación que tenían con el Maestro. Los desprevenidos, indiferentes y egoístas fueron apartados, no porque les faltaran buenas intenciones, sino porque les faltaba fruto.

El apóstol Santiago lo dijo sin rodeos: «La fe sin obras está muerta» (Santiago 2:26). Y Pablo lo confirma en Efesios 2:10, diciendo que hemos sido «creados en Cristo Jesús para buenas obras». Las obras no nos salvan, pero la salvación produce obras. La verdadera fe camina, sirve y persevera.

Y, sin embargo, ¿cuántas iglesias hoy predican una versión de la gracia que evita el arrepentimiento? ¿Cuántas enseñan una salvación sin transformación? ¿Un Jesús que salva, pero no santifica? Ese no es el evangelio que Jesús predicó.

En Juan 6, Jesús exigió más que comodidad; muchos, creyendo que Su enseñanza era demasiado difícil, se apartaron. Solo unos pocos permanecieron. Jesús no suavizó Su mensaje para retener a la multitud. Los dejó ir. ¿Por qué? Porque no buscaba fanáticos, estaba llamando discípulos.

Necesitamos esa misma claridad hoy. La salvación nunca fue un simple momento emocional, es un viaje de rendición para toda la vida. El altar no es la meta final, es el punto de partida.

Jesús no dijo: «Admírenme». Dijo: «Síganme». Eso significa dejar nuestros derechos, tomar la cruz y morir a nuestra propia voluntad cada día. Eso no es popular. No es fácil. Pero es el único camino.

Esta es la Iglesia por la que Jesús murió para levantar: no una multitud, sino un pueblo en pacto. Un remanente que entiende el peso de la gracia. Un cuerpo de creyentes que camina en el poder de una vida transformada.

Necesitamos volver a este evangelio. No a una imitación barata que nos permite vivir sin cambios, sino al verdadero evangelio que nos lleva de rodillas y luego nos levanta para caminar en novedad de vida. Porque Jesús no murió para hacer fanáticos. Murió para hacer discípulos. Y Su llamado sigue en pie hoy: **Ven y muere para que verdaderamente vivas.**

Sección 2: Los Apóstoles y el Sello del Espíritu

Cuando los apóstoles predicaban el evangelio, dejaron algo radicalmente claro: la salvación no era solo para los judíos, era para todos los que creyeran. Y con esa fe llegaba algo profundo y sobrenatural: el sello del Espíritu Santo.

Pablo escribe en Efesios 1:13–14: «Habiendo oído la palabra de verdad, el evangelio de vuestra salvación, y habiendo creído en él, fuisteis sellados con el Espíritu Santo de la promesa, que es la garantía de nuestra herencia».

Este sello no es una metáfora ni una impresión vaga, es confirmación divina. Es tanto legal como relacional. En tiempos antiguos, los reyes usaban sellos para mostrar propiedad y autoridad. De la misma manera, Dios marca a los que son suyos con la presencia interna del Espíritu, declarando: «Este me pertenece».

Este sello hace más que afirmar identidad: activa intimidad. Pablo explica en Romanos 8:15–16 que hemos recibido el Espíritu de adopción, por el cual clamamos: «¡Abba, Padre!» Y el mismo Espíritu da testimonio a nuestro espíritu de que somos hijos de Dios. Ese testimonio interior no se basa en emociones, se basa en transformación.

Cuando el Espíritu Santo sella a un creyente, no solo vive a su lado, vive dentro de él. Convence, consuela, corrige y nos conforma a la imagen de Cristo. No nos deja como estábamos. Trae nuevos deseos, una convicción más profunda y un hambre por la santidad. El Espíritu nos capacita para obedecer y caminar en los caminos de Dios, no por fuerza externa, sino por renovación interna.

Por eso Pablo contrasta las obras de la carne con el fruto del Espíritu en Gálatas 5. Una vida sellada no puede seguir produciendo el mismo fruto viejo. Las obras de la carne —pecado sexual, celos, arrebatos de ira, borracheras— no pueden seguir dominando a alguien que camina por el Espíritu. En su lugar, la evidencia de ese sello aparece en amor, gozo, paz, paciencia, benignidad, bondad, fidelidad, mansedumbre y dominio propio. Estas no son el producto de la personalidad, son el resultado de la rendición.

Pablo refuerza esta verdad en 2 Timoteo 2:19 con: «El Señor conoce a los que son suyos», y luego añade: «Apártese de la iniquidad todo aquel que invoca el nombre de Cristo». Ser sellado por el Espíritu no es una licencia para vivir como queramos, es un llamado a vivir en santidad. Hemos sido marcados para la obediencia. El sello trae consuelo, pero también trae una comisión.

Y, aun así, Pablo advierte a los creyentes que no contristen al Espíritu Santo (Efesios 4:30). Aunque el Espíritu nos sella, Él sigue siendo sensible a cómo vivimos. Contristarlo es ignorar sus impulsos o persistir en pecado. Esta tristeza no surge de errores momentáneos, proviene de una resistencia constante. Esteban, reprendiendo a los líderes religiosos en Hechos 7:51, declaró: «¡Vosotros resistís siempre al Espíritu Santo!» Esa misma resistencia puede ocurrir hoy si ignoramos Su voz y endurecemos nuestro corazón.

La Iglesia primitiva entendía la seriedad de esta relación. En Hechos 5, Ananías y Safira trajeron una ofrenda y mintieron, no a Pedro, sino al Espíritu.

El juicio que siguió no tenía que ver con la cantidad del donativo, sino con la mentira en la presencia de Dios. Cuando el Espíritu sella a una comunidad, Él espera verdad, reverencia e integridad.

Los apóstoles no tomaban este sello a la ligera. Para ellos lo era todo. Pablo, antes perseguidor de la Iglesia, fue transformado radicalmente después de encontrarse con Jesús y ser lleno del Espíritu. Su vida anterior no simplemente se desvaneció, fue crucificada. Lo que surgió fue una vida totalmente rendida al Espíritu: sacrificial, perseverante y fiel hasta el fin.

Pero incluso Pablo vio a otros que no continuaron en la fe. Mencionó a Demas, que una vez caminó con él, pero finalmente abandonó la obra «porque amó este mundo» (2 Tim. 4:10). Esto nos recuerda que, aunque el sello es real, la perseverancia prueba su presencia. El verdadero sello se evidencia en una transformación duradera.

Ser sellado no significa volverse pasivo. Significa que hemos sido apartados, para pureza, propósito y poder. Estamos llamados a caminar en el Espíritu, no solo a confesarlo. Por eso Pablo exhortó en Gálatas 5:25: «Si vivimos por el Espíritu, andemos también por el Espíritu».

Entonces, ¿cómo sabemos si realmente estamos sellados? No por escalofríos. No por dones espirituales. No por asistencia a la iglesia. Sino por el fruto. ¿Tenemos hambre de justicia? ¿Nos duele el pecado? ¿Nos sometemos a la Palabra de Dios? ¿Amamos lo que Él ama y rechazamos lo que Él odia?

Los apóstoles nunca predicaron un evangelio fácil. No ofrecieron garantías sin transformación. Predicaron la cruz. Llamaron a las personas a morir al yo, vivir por el Espíritu y perseverar hasta el final. Ese mismo mensaje debe volver a la Iglesia hoy.

Andemos, pues, de una manera digna del sello que hemos recibido. Demos fruto que testifique del Espíritu dentro de nosotros. No contristemos al que vive en nuestro interior. Perseveremos, no en nuestras fuerzas, sino en las suyas.

Porque ser sellado no es solo ser reclamado. Es ser cambiado. Y la Iglesia que Dios intentó está marcada por ese cambio.

Sección 3: Transformación, Advertencias y la Esperanza Futura

Si el sello del Espíritu Santo es real, entonces debe producir algo real. Ese es el testimonio constante del Nuevo Testamento. La salvación es más que un momento, es un movimiento de transformación. Comienza con gracia, es sostenida por el Espíritu y termina en gloria. Pero en medio, debe haber cambio.

La transformación empieza con la rendición. Pablo escribe en Romanos 12:1–2: «Presentad vuestros cuerpos como sacrificio vivo… transformaos por medio de la renovación de vuestro entendimiento». No nos llama a un desempeño religioso, sino a una entrega diaria. Dios es quien transforma, pero solo donde hay rendición. Esta transformación no es cumplimiento externo, es conversión interna. El Espíritu reconfigura nuestros deseos, nos convence de pecado y genera nuevos patrones de santidad.

Hebreos 12:14 lo dice de manera inconfundible: «Seguid la paz con todos, y la santidad, sin la cual nadie verá al Señor». Eso no es legalismo, es señorío. Santidad no significa perfección. Significa estar apartados para Dios. La vida sellada por el Espíritu se aleja del pecado y avanza hacia la santificación. No sin fallas, pero sí con fidelidad.

El Nuevo Testamento contiene advertencias sobrias para despertarnos con suavidad, sin vergüenza. Hebreos 10:26–27 advierte que, si seguimos pecando deliberadamente después de recibir el conocimiento de la verdad, ya «no queda más sacrificio por los pecados, sino una horrenda expectación de juicio». Esto no se refiere a fallas ocasionales; es una advertencia contra la rebelión intencional. El peligro no está en tropezar, sino en negarse a levantarse.

Pablo repite esto en 1 Corintios 10, recordando a los creyentes que muchos israelitas experimentaron una liberación milagrosa, pero aun así murieron en el desierto por idolatría y desobediencia: «Estas cosas les acontecieron como ejemplo... y están escritas para amonestarnos a nosotros». Empezar la carrera no es lo mismo que terminarla. Algunos preguntan: «¿Acaso el sello del Espíritu no garantiza seguridad eterna?» Sí, si realmente estás sellado. Pero la evidencia no es un sentimiento ni una oración pasada.

Es perseverancia. 1 Juan 2:19 revela la verdad: «Salieron de nosotros, pero no eran de nosotros... si hubieran sido de nosotros, habrían permanecido con nosotros». La permanencia confirma el llamado. La resistencia confirma la identidad.

Los apóstoles nunca predicaron un evangelio barato. Dietrich Bonhoeffer lo llamó como es: «gracia sin discipulado, gracia sin la cruz». Pero el verdadero evangelio —el que Jesús predicó— cuesta todo. Exige una cruz antes de prometer una corona. En Apocalipsis 2 y 3, Jesús se dirige a la Iglesia, no a los de afuera, sino a los creyentes. Y sus palabras son tanto amorosas como punzantes:

- A Éfeso: «Has dejado tu primer amor».

- A Sardis: «Tienes nombre de que vives, pero estás muerto».

- A Laodicea: «Por cuanto eres tibio, y no frío ni caliente, te vomitaré de mi boca».

Pero en cada advertencia también hay una invitación: «Al que venciere...» Jesús estaba —y sigue— llamando a Su Esposa a volver a Él. No solo a cantar sobre Él, sino a caminar con Él. No solo a asistir a la iglesia, sino a ser la Iglesia: santa, rendida, perseverante. La Escritura hace el contraste claro: Dios marca a los que son suyos.

- En Ezequiel 9, Dios ordena a un ángel marcar a los que gimen por el pecado.

- En Apocalipsis 7, Dios sella a sus siervos en la frente.

- En Apocalipsis 14, los redimidos llevan el nombre del Padre escrito en sus frentes.

- Y en Apocalipsis 22:4 se dice de los santos: «Verán su rostro, y su nombre estará en sus frentes».

Ese es el futuro de los sellados: no juicio, sino gozo. No temor, sino plenitud. El sello que llevamos ahora es la garantía de nuestra herencia venidera. Es la marca de pertenencia, la prueba de que somos de Él.

Pero la Escritura también advierte de otra marca: la marca de la bestia. Una marca conduce a vida. La otra, a destrucción. Una nace de la rendición; la otra, del compromiso con el mal. Debemos elegir.

Así como los israelitas fueron marcados por la sangre del cordero en Egipto, ahora somos marcados por la sangre de Jesús y sellados por Su Espíritu. Ese sello es tanto promesa como llamado. No somos salvos para conformarnos, somos salvos para perseverar, vencer y vivir en santidad. Los héroes de la fe no eran cristianos casuales. Eran sellados y rendidos.

Pablo terminó su carrera no porque fuera fuerte, sino porque el Espíritu en él fue fiel. «He peleado la buena batalla, he acabado la carrera, he guardado la fe» (2 Tim. 4:7). Ese mismo Espíritu ahora mora en nosotros, no para consolarnos en la complacencia, sino para impulsarnos hacia la consagración. La Iglesia moderna debe volver a esta claridad. La transformación, no la tradición, debe ser el estándar. No el entusiasmo, sino la santidad. No la emoción, sino la perseverancia.

Ser sellado por el Espíritu no es llevar una insignia espiritual, es llevar fruto espiritual. Una vida marcada por arrepentimiento, santidad, perseverancia y un amor profundo por Cristo. Estamos sellados para salvación. Pero también estamos sellados para rendición. El sello no excusa el pecado; sí nos da poder para vencerlo. Hebreos 10:39 dice: «Pero nosotros no somos de los que retroceden para perdición, sino de los que tienen fe para preservación del alma». Así que vivamos sellados. Caminemos en el Espíritu. Sigamos adelante en fe y santidad hasta el día de la redención.

La Iglesia que Dios Visualizó

Dios nunca quiso una iglesia solo de nombre. Desde el principio, Él ha buscado un pueblo apartado, marcado por Su Espíritu y transformado por Su gracia. La Iglesia que Dios quiso no se edifica en multitudes, carisma o relevancia cultural. Se edifica sobre la Piedra Angular: Cristo mismo. Es guiada por el Espíritu, dedicada a la Palabra y comprometida con la santidad. No predica gracia sin verdad ni salvación sin rendición. Sabe que la gracia transforma y que la santidad no es opcional. Es la evidencia de una vida sellada por Dios. Esta Iglesia no pregunta: «¿Qué tanto puedo hacer y aún salirme con la mía?». Pregunta: «¿Cómo puedo caminar de una manera digna de Aquel que me salvó?».

No juega con el pecado. Lo lamenta. No coquetea con el mundo. Lo vence. No busca aplausos. Busca obediencia. Jesús dijo: «El que persevere hasta el fin, ése será salvo» (Mateo 24:13). Esa clase de perseverancia solo viene de permanecer en Él. Vivimos santos no para ganar salvación, sino porque hemos sido salvos. Nuestras vidas reflejan nuestro sello: vidas de obediencia, humildad, arrepentimiento y amor guiado por el Espíritu.

Un día, las marcas de este mundo se desvanecerán. Pero el sello del Espíritu permanecerá. Y testificará que fuimos suyos. Así que dejemos de conformarnos con religión sin transformación. Vivamos vidas selladas, guiadas y llenas del Espíritu; vidas audaces, puras y rendidas. Que la Iglesia se levante, no en desempeño, sino en poder. Caminemos dignos del sello. **Seamos la Iglesia que Dios quiso.**

Preguntas de Reflexión

La salvación de Dios no se gana. Es sellada por el Espíritu y vivida por la fe.

1. ¿Te has rendido de verdad, o solo has estado de acuerdo con Jesús en teoría?

2. ¿El Espíritu Santo está guiando activamente tu vida, o es solo un concepto que has escuchado?

3. ¿Qué fruto en tu vida apunta a la obra de Dios en ti?

Recuerda: Dios no quiere fe parcial. Quiere todo tu corazón.

Capítulo 9:

Jesús, La Piedra Angular y el Llamado

Sección 1: La Cabeza de la Iglesia; Señor sobre Todo

Desde los primeros versículos del Nuevo Testamento hasta las últimas páginas de Apocalipsis, Jesús es presentado como mucho más que un profeta entre muchos. Él es el cumplimiento de cada promesa, el centro del plan redentor de Dios, y Aquel a quien le ha sido dada toda autoridad en el cielo y en la tierra (Mateo 28:18). Él es la piedra angular —no una piedra decorativa puesta a un lado— y es Señor sobre todo, no solo un señor entre otros.

Pablo escribe en Efesios 5:23 que Cristo es «la cabeza de la iglesia, la cual es su cuerpo, y él es su Salvador». Esto no es una metáfora poética, es orden divino. Así como la cabeza gobierna y da vida al cuerpo, Cristo define y dirige a la Iglesia. Sin Él, no hay visión, no hay poder, no hay identidad. La Iglesia no puede sobrevivir, y mucho menos cumplir su misión, a menos que permanezca conectada a Cristo como su verdadera Cabeza.

Decir que Jesús es la Cabeza significa que Él establece la agenda, no nosotros. Colosenses 1:18 lo dice claramente: «Él es la cabeza del cuerpo que es la iglesia; él que es el principio, el primogénito de entre los muertos, para que en todo tenga la preeminencia». No en algunas cosas, sino en todo. No solo en la teología, sino en el liderazgo, en el estilo de vida y en la adoración. Jesús no comparte su señorío. Él es Señor de todo, o no es Señor en absoluto.

Durante su ministerio terrenal, Jesús nunca se disculpó por su autoridad. En Juan 14:6 declaró: «Yo soy el camino, y la verdad, y la vida; nadie viene al Padre, sino por mí». Esa afirmación todavía ofende hoy porque no deja espacio para compromisos espirituales. En un mundo que promueve incontables caminos hacia la «verdad», Jesús permanece como el único camino al Padre.

Cuando dijo: «Antes que Abraham fuese, yo soy» (Juan 8:58), Jesús afirmó su igualdad con Yahveh, el Dios eterno que habló desde la zarza ardiente en Éxodo 3:14.

Por eso los líderes religiosos tomaron piedras para apedrearlo. Entendieron lo que estaba diciendo: Él no era solo un rabino ni un reformador. Estaba reclamando ser Dios. Y esa afirmación —entonces y ahora— demanda una respuesta: rendición o rechazo.

El apóstol Juan abre su evangelio declarando: «En el principio era el Verbo, y el Verbo era con Dios, y el Verbo era Dios… Y aquel Verbo fue hecho carne y habitó entre nosotros» (Juan 1:1, 14). Jesús no es solo el mensajero de la verdad; Él es la Verdad encarnada. Hebreos 1:3 lo confirma describiéndolo como «el resplandor de la gloria de Dios y la imagen misma de su sustancia».

Y sin embargo, este Jesús —el YO SOY, el Creador, el Sustentador— fue rechazado. El Salmo 118:22, citado por Jesús en Mateo 21:42, dice: «La piedra que desecharon los edificadores ha venido a ser cabeza del ángulo». Los líderes religiosos lo rechazaron porque no cumplía sus expectativas. Querían un trono, no una cruz. Una revolución, no un Redentor. Pero Jesús no vino a conformarse a los deseos humanos. Vino a cumplir la voluntad del Padre.

Jesús no llama a la admiración. Él demanda lealtad. En Lucas 6:46 confronta la desconexión entre palabras y acciones: «¿Por qué me llamáis: "Señor, Señor", y no hacéis lo que yo digo?» Esa es la verdadera prueba de su señorío: obediencia. No emoción. No asistencia. Obediencia. No podemos proclamar que Jesús es la Cabeza de la Iglesia mientras la gobernamos por preferencia humana, popularidad o desempeño.

Honrar a Jesús como Señor significa que su Palabra es nuestra máxima autoridad. Su Espíritu es nuestra fuente de poder. Su misión es nuestra prioridad. Dejamos de preguntar: «¿Qué funciona?» y empezamos a preguntar: «¿Qué agrada a Cristo?».

La Iglesia primitiva lo entendió. Ellos siguieron a un Rey resucitado, no a una tradición religiosa. Esteban, el primer mártir, murió proclamando a Cristo como Señor mientras lo apedreaban (Hechos 7). Pablo, antes el más feroz opositor del cristianismo, se convirtió en su defensor más audaz cuando vio más allá de la tradición y se encontró con Cristo vivo. Soportó azotes, naufragios y prisión porque Jesús lo valía todo. Colosenses 1:16–17 revela el alcance de la autoridad de Cristo: «Porque en él fueron creadas todas las cosas… todo fue creado por medio de él y para él. Y él es antes de todas las cosas, y en él todas las cosas subsisten».

Jesús sostiene el universo. No es solo Señor de nuestras reuniones de domingo, es Señor de las galaxias, de los gobiernos y de las generaciones.

Por eso la Iglesia no puede existir para sí misma. Existe para Jesús. Él la posee. Él la edifica. Él la sostiene. Apocalipsis 1:5 lo llama «el soberano de los reyes de la tierra». Ningún pastor, denominación, comité o tendencia puede reemplazarlo. Cuando reducimos la Iglesia a plataformas y personalidades, decapitamos el cuerpo. Negamos a la Cabeza.

Entonces, ¿qué significa hoy vivir bajo su señorío? Significa volver a la cruz, no solo como símbolo, sino como nuestro estándar. Predicamos arrepentimiento, no popularidad. Perseguimos santidad, no espectáculo. Formamos discípulos, no solo audiencias. Buscamos fidelidad, no fama.

Jesús no se impresiona con el tamaño de la iglesia. Él busca fruto. Dijo en Juan 15:8: «En esto es glorificado mi Padre: en que llevéis mucho fruto, y seáis así mis discípulos». ¿Estamos dando fruto o simplemente creando actividad religiosa? ¿Estamos haciendo discípulos o entreteniendo multitudes? ¿Estamos alimentando ovejas o atrayendo fanáticos?

La voz de la Cabeza todavía habla. La Iglesia debe aprender a escuchar de nuevo. Jesús dijo: «Mis ovejas oyen mi voz, y yo las conozco, y me siguen» (Juan 10:27). Seguir a Jesús no es una decisión de una sola vez, es una rendición de por vida. Un sí diario. Una sumisión continua a su voluntad.

Jesús es Señor de la Iglesia, de la historia, del cielo y de la tierra. La única pregunta es si realmente estamos viviendo como tal.

Sección 2: Getsemaní, El Llamado a Morir al Yo

El huerto de Getsemaní es uno de los momentos más sagrados y reveladores de toda la Escritura. No es solo el escenario del arresto de Jesús, es el campo de batalla donde se ganó la verdadera victoria. Antes del azote, antes del juicio y antes de los clavos, estuvo el huerto.

En Getsemaní, Jesús se rindió, no a los hombres, sino a la voluntad del Padre. Lucas 22:42 recoge la temblorosa y santa resolución del Hijo de Dios: «Padre, si quieres, pasa de mí esta copa; pero no se haga mi voluntad, sino la tuya».

Esta no fue una frase casual, fue el clamor del alma del Salvador, mirando de frente el horror del pecado y del juicio divino. Jesús no estaba negociando. Estaba rindiéndose. La mayor batalla que libró no fue en la cruz, fue en el huerto. Y la ganó a través de la rendición.

La lucha no fue contra soldados ni sistemas. Fue interna. Jesús, plenamente Dios y plenamente hombre, luchó con el peso de lo que estaba por venir. Sabía que la cruz implicaría agonía física, abandono emocional y la carga espiritual de llevar el pecado del mundo. Y, sin embargo, eligió la obediencia. Ese «sí» en el huerto se convirtió en el fundamento de nuestra salvación. Pero Getsemaní no fue solo el momento de Jesús, también es nuestro modelo.

Todo seguidor de Cristo enfrentará su propio Getsemaní. En esas temporadas, Dios nos confronta con Su voluntad, pidiéndonos que elijamos entre comodidad y llamado, entre nuestros deseos y Su propósito. Morir al yo no es un acto de una sola vez; es un caminar diario. Getsemaní es donde la cruz toca primero el corazón.

Las palabras de Jesús en Lucas 9:23 hacen eco de esta verdad: «Si alguno quiere venir en pos de mí, niéguese a sí mismo, tome su cruz cada día y sígame». Esa cruz comienza con rendición, no con dolor. En el huerto dejamos nuestros planes, nuestro orgullo y nuestras preferencias. Susurramos, con temblorosa confianza: «No se haga mi voluntad, sino la tuya».

Sin embargo, la cultura actual no celebra la rendición. Se nos dice que nos expresemos, que defendamos «nuestra verdad» y que persigamos nuestros deseos. Pero el evangelio nos llama a algo más profundo: a crucificar la carne, a soltar el control y a caminar por un camino que muchas veces es solitario, doloroso e incomprendido. Getsemaní no es glamoroso, pero es glorioso, porque en ese lugar de trituración nace la intimidad con Dios. El poder viene a través de la rendición.

Jesús no salió del huerto derrotado. Salió resuelto. Cuando llegaron los soldados, Él eligió dar un paso al frente en vez de esconderse. La agonía había pasado, no porque se hubiera quitado la cruz, sino porque la lucha había sido rendida. La obediencia venció al miedo; más tarde, esa obediencia liberó un poder redentor que cambiaría al mundo. A lo largo de la historia de la Iglesia, Getsemaní ha sido el lugar oculto detrás de cada avivamiento y movimiento de Dios. Antes de los púlpitos y las plataformas, hubo oración.

Antes de los milagros y los mensajes, hubo rendición. Misioneros, mártires, reformadores y avivadores tuvieron su Getsemaní. Se encontraron con Dios en la trituración y de allí se levantaron con valentía.

Pablo escribió en Gálatas 2:20: «Con Cristo estoy juntamente crucificado, y ya no vivo yo, mas vive Cristo en mí». Su autoridad espiritual no vino de su currículum, vino de su muerte al yo. Renunció a todo —estatus, seguridad y comodidad— por el bien de conocer a Cristo y darlo a conocer.

Pedro tuvo su propio Getsemaní. En el huerto se quedó dormido mientras Jesús oraba. Más tarde esa noche, negó al Señor tres veces. Pero después de la resurrección, Jesús lo restauró. La autosuficiencia de Pedro fue quebrada, y fue lleno del Espíritu Santo. Getsemaní había hecho su obra en él. Llegó a liderar la Iglesia, incluso hasta el punto de su propio martirio.

Jesús dijo a los discípulos en Lucas 22:46: «¿Por qué dormís? Levantaos y orad, para que no entréis en tentación». Esa misma palabra sigue hablándonos hoy. Demasiados creyentes están dormidos en el huerto. Queremos resurrección sin crucifixión, poder sin presión y propósito sin proceso. Pero no hay Pentecostés sin Getsemaní. El aceite de la unción fluye del lugar de trituración.

Getsemaní es donde se ponen en el altar nuestros «Isaacs». Donde se exponen nuestros ídolos. Donde nuestro control es entregado. No es un lugar de espectáculo, es un lugar de honestidad. Oración real. Lágrimas reales. Decisiones reales. Es donde dejamos de fingir y comenzamos a depender. Donde nuestro «sí» a Dios no es parcial, sino total.

Hebreos 5:8 nos recuerda: «Y aunque era Hijo, por lo que padeció aprendió la obediencia». Jesús no solo enseñó obediencia; Él la vivió, la aprendió y la encarnó a través del dolor. Y nosotros también debemos hacerlo.

¿Cuál es tu Getsemaní? ¿Es una relación que Dios te pide soltar? ¿Un llamado que has tenido miedo de abrazar? ¿Un temor que te has rehusado a enfrentar? ¿Una comodidad que te resistes a entregar? Todos tenemos un huerto que entrar y una cruz que llevar. Y todos debemos elegir: el yo o la rendición. La Iglesia debe redescubrir este mensaje.

Hemos predicado la motivación, pero hemos descuidado la consagración. Hemos llenado calendarios, pero vaciado altares. Getsemaní es una historia que admiramos, pero también es un camino que debemos andar. Sin él, podemos profesar a Cristo, pero no llevaremos Su cruz.

Getsemaní es donde comienza el avivamiento. Es donde viene el verdadero poder, no del carisma, sino de la crucifixión. Es donde se forja el liderazgo, no por los aplausos, sino por la agonía. Es donde nace el ministerio, no en la visibilidad, sino en la vulnerabilidad. Así que oramos, como nuestro Señor: **«No se haga mi voluntad, sino la tuya».** Solo entonces podremos levantarnos, no en nuestra fuerza, sino en la Suya.

Sección 3: Jesús el Cordero; Cumplimiento del Pacto de Dios

Desde las primeras páginas de la Escritura, vemos a un Dios que inicia pactos. Con Noé, prometió nunca más destruir la tierra con un diluvio. Con Abraham, prometió descendencia, tierra y bendición. Pero algo extraordinario sucedió en Génesis 15: Dios puso a Abraham en un sueño profundo, y luego Dios mismo pasó entre los pedazos divididos del sacrificio. Este acto simbolizó que el pacto descansaba enteramente en la fidelidad de Dios, no en la capacidad humana. Fue una garantía divina de que Dios mismo sostendría ambos lados de la promesa. Eso anticipaba a Cristo.

Jesús no solo medió el pacto; Él se convirtió en el pacto. Como escribió Pablo en 2 Corintios 1:20: «Porque todas las promesas de Dios son en Él Sí, y en Él Amén». Cada sombra en el Antiguo Testamento, desde los sacrificios de animales hasta las leyes ceremoniales, apuntaban a Él. Jesús no fue simplemente el mensajero del pacto; Él fue su cumplimiento, su sustancia y su sello. Su sangre no simbolizó un acuerdo; lo ratificó.

Cuando Juan el Bautista vio a Jesús, clamó: «He aquí el Cordero de Dios, que quita el pecado del mundo» (Juan 1:29). Eso no fue poesía, fue profecía cumplida. Jesús se convirtió en el verdadero Cordero de la Pascua, cuya sangre nos salva de la muerte. Fue la ofrenda por el pecado, el chivo expiatorio, la expiación y el propiciatorio. Los rituales de Levítico y los sacrificios de Israel siempre fueron señales temporales que apuntaban hacia adelante.

Pero Jesús, el Cordero sin mancha, hizo una ofrenda de una vez y para siempre que nunca necesitaría repetirse. En la Última Cena, Jesús lo dejó claro: «Esto es mi sangre del pacto, que por muchos es derramada para perdón de los pecados» (Mateo 26:28). En ese aposento alto, inauguró un nuevo y mejor pacto, uno no escrito en piedra, sino en corazones. Como fue anunciado en Jeremías 31:33, esto no fue reforma, fue renacimiento.

Donde Adán cayó e Israel falló, Jesús prevaleció. Vivió sin pecado, cumplió la Ley y se ofreció como el sustituto perfecto. Isaías 53 ya lo había descrito: «Mas Él herido fue por nuestras rebeliones… y por sus llagas fuimos nosotros curados». El Cordero sufriría, no porque fuera débil, sino porque estaba dispuesto. Sus heridas abrirían la puerta a nuestra salvación.

Y aun así, siendo el cumplimiento de toda profecía, Jesús fue rechazado. Fue desechado por el mismo pueblo que lo había esperado.

Querían un rey con espada, no un Salvador con cruz. Esperaban liberación de Roma, no redención del pecado. Pero la cruz no fue un desvío en el plan de Dios, fue el corazón mismo del plan. A través de la crucifixión, Jesús satisfizo la justicia divina y liberó la misericordia divina. Tomó la ira que merecíamos para que pudiéramos recibir la gracia que nunca podríamos ganar.

Este es el evangelio: no que nosotros encontramos a Dios, sino que Él vino por nosotros. Y vino como un Cordero. Pero no nos equivoquemos, este Cordero también es un León. Apocalipsis 5 ofrece una imagen impresionante. Juan llora porque no se halló a nadie digno de abrir el libro. Entonces oye: «He aquí, el León de la tribu de Judá ha vencido». Pero cuando mira, ve a un Cordero como inmolado. Jesús es tanto el Rey victorioso como el Siervo sufriente. Vino primero en humildad, y volverá en gloria. No es solo el crucificado, es el que reina.

Cada promesa del pacto encuentra su clímax en Él. Es el mayor Moisés, librando a Su pueblo de la esclavitud. Es el mayor David, gobernando con justicia. Es el Sumo Sacerdote eterno, intercediendo por Su pueblo. Es el Templo reconstruido en tres días. Es el velo rasgado, el Verbo hecho carne y la gloria de Dios habitando entre nosotros. Desde Génesis hasta Apocalipsis, toda la Escritura apunta a Jesús. ¿Y qué significa esto para nosotros?

Significa que la salvación no se gana, se recibe. Sin embargo, eso no la hace barata. Costó la sangre del Hijo de Dios. Cuando Jesús exclamó: «Consumado es», no estaba rindiéndose a la derrota. Estaba declarando victoria. La deuda fue pagada, el pacto fue cumplido, y el velo fue rasgado. La puerta quedó abierta.

Pero ¿estamos viviendo como pueblo del pacto? ¿Caminamos con reverencia por el precio que fue pagado? ¿Tratamos la sangre de Jesús como algo sagrado, o la hemos hecho común? Hebreos 10:29 advierte contra pisotear al Hijo de Dios y ultrajar al Espíritu de gracia. Nunca debemos reducir la cruz a un símbolo o el pacto a un eslogan. La sangre de Jesús no es una nota al pie de nuestra fe, es el fundamento.

Vivir en pacto significa devoción total. No legalismo. No esfuerzo humano. Sino una vida moldeada por la respuesta. Cuando entendemos lo que Jesús ha hecho, no obedecemos para ganar amor, obedecemos porque ya lo hemos recibido. La gracia no baja el estándar, nos transforma para caminar en él. No debilita la santidad, la fortalece.

Debemos rechazar un evangelio de conveniencia que convierte a Jesús en una mascota de nuestras preferencias personales, políticas o culturales. Él no es una marca para marketing; Él es el Hijo de Dios. Toda rodilla se doblará. Toda lengua confesará, no ante una imagen ni una denominación, sino ante un Rey.

Cada vez que tomamos la Santa Cena, proclamamos este pacto. Cada vez que predicamos, declaramos el poder de la sangre. Cada vez que adoramos, estamos bajo un estandarte que dice: «Comprado. Redimido. Sellado».

Jesús no ha terminado. Él todavía intercede por nosotros. Todavía nos pastorea. Está preparando un lugar para nosotros. Y regresará, no como Siervo sufriente, sino como Rey conquistador. Cuando lo haga, el pacto será consumado. Apocalipsis 21:3 declara: «He aquí el tabernáculo de Dios con los hombres». La maldición será rota. La Esposa estará lista. El Cordero será visto cara a cara.

Hasta ese día, vivimos como pueblo del pacto: **marcados por gracia. Anclados en la verdad. Impulsados por la adoración. Transformados por el amor.**

Que la Iglesia nunca olvide quién es Jesús: **El Cordero que se convirtió en el pacto. El sacrificio que se convirtió en Salvador. El fundamento que se convirtió en la Piedra Angular.** Y lo que Él edifica, ningún hombre lo puede derribar.

Preguntas de Reflexión

Jesús es el fundamento. Todo lo demás debe rendirse a Él.

1. ¿Está tu fe edificada sobre Jesús o sobre otra cosa?

2. ¿Cuándo fue la última vez que dijiste: «No se haga mi voluntad, sino la tuya»?

3. ¿Qué área de tu vida necesita ponerse bajo la autoridad de Cristo?

Recuerda: Seguir a Jesús significa dejar que Él guíe, aun cuando te cueste algo.

Capítulo 10:

La Historia que Dios Estaba Escribiendo Todo el Tiempo

Sección 1: El Legado que Me Fue Dado

Algunas historias comienzan en paz. La mía comenzó en fuego. Mi llamado no fue moldeado en la comodidad, fue forjado en la tensión, el testimonio y las relaciones rotas. Lo que cargo hoy me fue entregado tanto a través de gloria como de dolor, en momentos empapados en el Espíritu y otros quebrados por la división. Si predico con pasión, es porque he vivido a través del dolor. Si hablo de sanidad, es porque he sangrado. Mi vida en el ministerio no comenzó en el seminario. Comenzó en la sala de mi casa, en el cruce entre el hambre de Dios y la realidad de la limitación humana.

Comenzó con mi padre. Un veterano puertorriqueño de la Guerra de Corea, que regresó a casa con heridas, algunas visibles, muchas no. La guerra lo había cambiado, lo había humillado y, en sus secuelas, Dios lo encontró. No regresó persiguiendo el sueño americano. Volvió buscando algo eterno. Y en medio de esa búsqueda, Dios encendió un fuego en él. No tenía una estrategia para plantar iglesias. No tenía recursos. Pero tenía una Biblia, una carga y una visión de que la gente rota se encontrara con Jesús.

De ese fuego nació la *Iglesia Pentecostal Roca de Salvación*. Era lo opuesto a lo glamuroso. No había cámaras, luces ni escenarios, solo un cuarto, unas cuantas sillas plegables y una profunda convicción de que Jesús podía salvar a cualquiera. Mi padre recibía a drogadictos, inmigrantes, personas sin hogar y heridos. Construyó un ministerio sobre la oración en lugar de sobre el poder. Ayunaba. Lloraba. Creía. Y la gente llegaba.

Pero no lo construyó solo. Mi madre, fuerte y espiritualmente anclada, fue su igual en la fe y su compañera en el ministerio. Ella tenía una pasión por la Palabra y un discernimiento profético profundo. Mientras mi padre atraía a las personas con su compasión, mi madre las afirmaba en la doctrina. Dirigía ministerios de mujeres, formaba jóvenes líderes y abría las Escrituras con una autoridad que pocos podían igualar.

Juntos, formaron un equipo poderoso, con corazones abiertos, rodillas dobladas y manos levantadas. Sin embargo, a medida que la iglesia crecía, también lo hacía la presión. El ministerio no solo edifica personas; también expone fracturas. La misma pasión que unía a mis padres comenzó a dividirlos. Mi padre se inclinaba hacia la compasión, a veces cediendo en las reglas para alcanzar a los heridos. Mi madre, comprometida con el orden bíblico, se volvió más cautelosa e intensamente protectora de la estructura y la integridad espiritual. Ambos seguían amando al Señor, pero con el tiempo, su visión una vez unificada se convirtió en dos caminos distintos.

Recuerdo estar sentado en una banca un domingo, escuchando a mi padre predicar. Momentos antes, sus voces habían resonado detrás de la puerta de la oficina. Su desacuerdo no era sobre cosas triviales. Era sobre dirección, teología, liderazgo y corrección. Era el tipo de desacuerdo que hiere profundamente porque surge del choque entre amor y convicción.

Eventualmente, la tensión se volvió imposible de ignorar. Cuando mi padre decidió que era hora de pasar el manto, no formó un comité. No celebró una votación congregacional. Simplemente puso su mano sobre mi hombro y dijo: «Este es tu trabajo ahora». Fue tanto un momento de honor como de inmensa responsabilidad. En ese gesto, me transfirió no solo autoridad, sino un legado. Y con él vino un peso que aún no comprendía del todo.

Pero no todos apoyaron la decisión. Mi madre, con el corazón roto y sintiéndose no escuchada, se apartó. No lo hizo con amargura, sino en obediencia a un llamado que ya no podía cumplir en el mismo espacio. Fundó su propia iglesia. Y el día que lo hizo, mi familia se dividió.

Esa decisión dejó heridas duraderas. Hermanos se distanciaron. Las reuniones familiares se volvieron silenciosas. Las festividades cargaban tensión. Algunos familiares rehusaban mirarme a los ojos. Algunos cruzaban la calle antes que cruzarse conmigo. Ahora yo estaba liderando una iglesia que llevaba el nombre de mi padre, pero cargaba la fractura de mi familia.

Predicaba sobre sanidad los domingos mientras lloraba en silencio en la oficina trasera. Ofrecía esperanza a otros mientras yo mismo le pedía a Dios la mía. Y aun así, nunca dudé del llamado. A veces, el llamado no nace en la claridad. A veces, nace a través de la contradicción.

Mi padre me enseñó a creer en lo imposible. Mi madre me enseñó a discernir la Palabra. Uno me dio visión. La otra me dio precisión. Uno formó mi fuego. La otra formó mi fundamento.

Ambos tenían razón. Ambos eran imperfectos. Y ambos moldearon al hombre que llegué a ser. No entré al liderazgo con todo resuelto. Entré cargando un legado envuelto en gloria y dolor. Y Dios, en Su misericordia, usó todo. Lo redimió. Me encontró en medio de ello. Me enseñó a liderar, no solo edificando, sino sangrando. Así que, para ti que lees esto y llevas un legado fracturado:

Si tu herencia espiritual es a la vez un regalo y una herida…

Si recibiste algo hermoso pero quebrado…

Si amas a tu familia y aun así sufres por las consecuencias…

No estás solo.

Me quedé en la Roca de Salvación. Pero me quedé a un costo. Elegí obediencia, no al hombre, sino al llamado de Dios. Y esa obediencia ha dado forma a cada mensaje que he predicado. Me enseñó a amar a las personas sin controlarlas. A construir unidad sin exigir uniformidad. A honrar el pasado sin estar atado a él.

A veces, aún escucho la voz de mi madre en las Escrituras que cito. Veo el legado de mi padre en los llamados al altar que hago. No cargo amargura, cargo bendición. Aunque la historia todavía tiene dolor sin resolver, confío en Aquel que escribe el final.

Este es el legado que me fue dado:

- Un padre de oración con rodillas encallecidas.

- Una madre predicadora con fuego profético.

- Una iglesia que surgió de la ruptura.

- Un ministerio nacido no de perfección, sino de presencia.

No perfecto. No sin dolor. Pero real. Y de ese legado, nació mi propósito.

Sección 2: Las Luchas que Enfrenté

Antes de poder cargar con el legado que me fue entregado, tuve que caminar por un fuego creado por mis propias decisiones. El camino hacia el ministerio no fue limpio ni fácil. No fue una escalera que subí, fue un valle por el que tuve que arrastrarme. Detrás de cada sermón que predico hay una cicatriz. Detrás de cada llamado al altar hay una batalla. No llegué aquí por talento o estrategia, llegué por gracia.

Al crecer, vivía entre dos mundos. Como un niño puertorriqueño criado en vecindarios donde la pobreza y el prejuicio eran realidades diarias, aprendí rápidamente a sobrevivir. En la escuela, se esperaba que me asimilara. En casa, se esperaba que preservara. No sabía cómo reconciliar esas demandas. Así que me endurecí. Usé la dureza como armadura. La ira se convirtió en mi protector, y el orgullo en mi máscara.

Peleaba no porque fuera valiente, sino porque tenía miedo. Miedo de ser ignorado. Miedo de ser ordinario. Miedo de convertirme en lo que la sociedad esperaba de mí: una estadística, un desertor, una decepción. Incluso siendo hijo de pastores, a menudo me sentía como un extraño. Mis padres eran respetados, pero yo luchaba con la identidad y la pertenencia. En las bancas sentía el llamado de Dios. Pero en las calles sentía la presión de actuar, sobrevivir y demostrar que pertenecía. Me dividí en partes: santo los domingos, duro el resto de la semana.

Cargué esa división hacia la adultez y hacia mi primer matrimonio. Me casé joven. Demasiado joven. No porque no me importara, sino porque aún no sabía cómo cuidar bien. Pensaba que el amor arreglaría lo que solo la rendición podía sanar. Quería ser un buen esposo, un buen padre y un buen hombre. Pero todavía no había dejado que Dios tratara con las heridas debajo de mi superficie, así que, en lugar de sanar, traje dolor.

Fui infiel. No digo esto para sensacionalizar, sino para confesar. Rompí mis votos. Herí a alguien que confió en mí. Fui padre de hijos —siete vidas hermosas y preciosas—, pero algunos nacieron en la confusión y la rebeldía de un alma dividida. Predicaba lo que aún no vivía. Llevaba el título de ministro, pero en mi interior seguía siendo un hijo pródigo.

Una noche, sentado solo con fotos de mis hijos esparcidas sobre la mesa, la verdad me quebrantó. Sus ojos me miraban —inocentes, alegres, expectantes— y lloré. No porque no los amara, sino porque comprendí cuánto dolor había traído a sus vidas. Les había dado mi presencia, pero no siempre mi paz. Me esforzaba, pero no siempre lideraba con el ejemplo.

Esa noche, oré la oración de un hombre quebrantado: **«Dios, si todavía me quieres... si aún queda algo... muéstramelo».** Y Él lo hizo. No escuché una voz audible. Pero sentí que una presencia santa descendía como una nube en ese cuarto. Un peso —no de condenación, sino de convicción— me cubrió. El aire estaba cargado de algo eterno. No estaba soñando. No estaba emocionado. Estaba encontrándome con el Dios del que había hablado durante años, solo que esta vez no estaba de pie detrás de un púlpito. Estaba arrodillado en mi propio desastre.

Dios no me regañó. Me vio. Y se quedó. Ese encuentro quebró algo dentro de mí. Por primera vez, me sentí plenamente conocido y plenamente amado. No fui excusado; fui llamado. No fui ignorado; fui invitado. La gracia no quitó las consecuencias, pero me dio un camino hacia adelante y una manera de reconstruir.

Comencé a presentarme de manera diferente. Empecé a ser padre de mis hijos no por obligación, sino por desbordamiento. Ya no lideraba con control, lideraba con confesión. Dejé de tratar de ganar el respeto de la gente. Comencé a caminar en la misericordia de Dios. Y poco a poco, vi cómo el fruto del arrepentimiento comenzaba a echar raíces.

Algunos no creyeron en el cambio. Algunos todavía susurraban. Algunos se alejaron. Pero otros se quedaron. Otros observaron. Otros regresaron. Y a través de todo, Dios siguió enviando personas —un alma a la vez— para recordarme que mis fracasos no eran fatales y que el ministerio se fundamenta en la presencia, no en la perfección. Dios estuvo presente conmigo, incluso en los escombros.

He estado sentado con hombres quebrantados, no como juez, sino como hermano. He llorado con madres solteras, no desde la lástima, sino desde el dolor compartido. He predicado gracia, no como una idea, sino como un hombre que la ha probado. Cuando hablo ahora, hablo desde resurrección; no porque me levanté solo, sino porque Jesús me levantó. Pablo lo dijo en 1 Timoteo 1:15–16: «Cristo Jesús vino al mundo a salvar a los pecadores, de los cuales yo soy el primero. Pero por esto fui recibido a misericordia...». Ese versículo es mi testimonio. No era el mejor candidato. Pero era el más desesperado. Y a veces, la desesperación es la puerta al destino.

Así que, para ti que lees esto y te sientes descalificado:

- Si tu pasado te persigue...

- Si tu familia está fracturada...

- Si tu historia parece demasiado rota para ser usada...

Deja que la mía sea un testimonio.

Dios todavía llama a los humildes. Dios todavía restaura a los caídos. Dios todavía sopla vida sobre lo que parece muerto. No está esperando perfección. Está esperando un *sí*. No me enorgullecen mis fracasos. Pero no los escondo. Porque son parte de la historia que Dios está contando a través de mí. No soy quien solía ser. Y aún no soy quien llegaré a ser. Pero por Su gracia, estoy caminando en propósito, un paso a la vez, un *sí* a la vez.

Las luchas no me descalificaron. Me prepararon. No para impresionar a la gente, sino para servirla. No para ser admirado, sino para estar disponible. Y eso ha marcado toda la diferencia.

Sección 3: Una Esposa, No un Imperio

Jesús no regresa por un imperio. Él viene por una Esposa. Esa verdad, por sí sola, desmantela gran parte de lo que hemos llegado a aceptar como «iglesia». En algún punto del camino, dejamos de vernos como un pueblo en preparación y empezamos a comportarnos como un pueblo intentando tomar el control. Cambiamos la postura de rendición por la de conquista. Confundimos ser embajadores con convertirnos en arquitectos. Pero la Iglesia nunca fue diseñada para ser un reino enfocado en establecer fuerza; fue llamada a ser una Esposa guardadora del pacto.

Jesús dijo: «Mi reino no es de este mundo» (Juan 18:36). Pero desde Constantino, muchos en la Iglesia han actuado como si nuestra misión principal fuera construir el reino de Dios aquí y ahora, mediante legislación, dominio y visibilidad.

Sin embargo, en ninguna parte de la Gran Comisión Jesús nos manda a tomar el poder. Nos dice que vayamos y hagamos discípulos. Que bauticemos. Que enseñemos obediencia. Que preparemos corazones, no que establezcamos gobiernos.

No hemos sido llamados a conquistar naciones en Su nombre, sino a llamar a las naciones a Su nombre. No fuimos enviados a imponer justicia a través de la ley, sino a encarnar la justicia a través del amor. No somos los constructores del Reino, somos la Esposa que espera el regreso del Rey.

Y aun así, gran parte del cristianismo moderno ha comprado el mito de que podemos traer el Reino a la tierra por nuestros propios esfuerzos. Construimos plataformas, levantamos ministerios, perseguimos influencia y nos organizamos políticamente, muchas veces en el nombre de Jesús, pero sin el corazón de Jesús. Hablamos más de «recuperar la cultura» que de alimentar a Sus ovejas. Nos movilizamos más para «salvar a América» que para llorar por las almas perdidas. Defendemos más la libertad religiosa que negarnos a nosotros mismos, tomar nuestra cruz y seguirle.

Una Esposa no construye un trono para su Esposo; ella se prepara para Su llegada. No intenta gobernar en Su ausencia. Ella espera, vela y adora. Se prepara. Apocalipsis 19:7 dice: «Gocémonos y alegrémonos y démosle gloria; porque han llegado las bodas del Cordero, y su esposa se ha preparado».

Esto es lo que significa ser la Iglesia: no un imperio de influencia, sino un pueblo de pureza. No una máquina política, sino una familia espiritual. No los salvadores del mundo, sino los siervos del Único que lo es. Estamos aquí para reflejar Su amor, proclamar Su verdad y preparar a Su pueblo.

Eso significa dejar nuestras espadas y tomar nuestras toallas. Significa rechazar el orgullo del poder y abrazar la humildad de la cruz. Significa escoger fidelidad sobre fama, rendición sobre estrategia, y arrepentimiento sobre relevancia.

Somos embajadores, no gobernadores. Testigos, no señores de la guerra. Discípulos, no demagogos. Jesús no regresa para respaldar los reinos que hemos construido. Él viene a establecer el Reino que solo Él puede traer. Y no compartirá Su trono con nuestros ídolos, ni a Su Esposa con un corazón dividido. Él viene por un pueblo que se ha mantenido fiel, no perfecto, pero puro en su búsqueda.

Una Iglesia no embriagada de poder, sino llena del Espíritu. Entonces, la pregunta no es: ¿Qué estamos construyendo para Dios? La pregunta es: ¿Estamos convirtiéndonos en la Esposa por la que Él regresa? Porque cuando Él vuelva, no preguntará por nuestras plataformas políticas o nuestras personalidades públicas. Él buscará a aquellos que conocen Su voz, cargan Su cruz y se han guardado de la corrupción del mundo. Buscará a una Esposa que se haya preparado.

Seamos esa Iglesia.

Seamos esa Esposa.

Aun así, ven, Señor Jesús.

Preguntas de Reflexión

No estamos construyendo un reino, nos estamos convirtiendo en una Esposa. Jesús no nos llama a tomar el control del mundo. Nos llama a prepararnos para Su regreso.

1. ¿Has estado más enfocado en construir influencia que en ser fiel?

2. ¿Qué significa para ti vivir como parte de la Esposa, y no como un constructor de reinos?

3. ¿De qué maneras ha confundido la Iglesia imperio con obediencia?

4. ¿Cómo te estás preparando personalmente para Jesús, no solo como Rey, sino como Esposo?

El Rey viene.

Prepara tu corazón.

Di sí a la invitación.

Conviértete en la Esposa por la que Él regresa.

Conclusión:

De la Religión a la Relación; La Invitación Sigue en Pie

Este libro comenzó con una carga: el peso de ver a la Iglesia desviarse de su verdadero fundamento. Hemos recorrido la historia, la Escritura, el dolor personal y el despertar espiritual. Hemos desafiado sistemas, confrontado ídolos y expuesto las formas en que la religión puede disfrazar la relación. Pero también hemos visto la belleza de lo que Jesús aún ofrece: una Iglesia viva, llena del Espíritu, santa y profundamente conectada con Él como la Piedra Angular.

Si has llegado hasta aquí, no es por accidente. Tal vez comenzaste a leer con preguntas. Quizás cargabas heridas por experiencias en la iglesia, confusión espiritual o rebelión interna. Pero algo te mantuvo pasando las páginas. Ese algo fue el Espíritu de Dios atrayéndote de nuevo a Jesús, no a una denominación ni a una tradición, sino a Él mismo.

Este viaje nunca se trató de volver a las viejas formas. Su propósito es redescubrir a la Persona que está en el centro de todo: Cristo crucificado, resucitado y que volverá. Jesús no necesita que perfeccionemos nuestros programas de iglesia. Él quiere nuestros corazones. Todavía pregunta lo mismo que le preguntó a Pedro: «¿Me amas?» (Juan 21:17). Ahí es donde todo comienza otra vez.

El camino de regreso a la relación requiere valor. Demanda humildad. Puede conducirte al arrepentimiento, al cambio, a la rendición. Pero al otro lado está la libertad. Al otro lado está la intimidad con Dios que ningún sistema, ningún fracaso y ninguna herida pueden robar.

Hemos visto cómo vivía la Iglesia primitiva, no en palacios, sino en oración. No en popularidad, sino en poder. No con programas, sino con la presencia de Dios. Y hemos visto a ese mismo Espíritu moverse en nuestros días, a través de vasos rotos, en lugares inesperados y entre aquellos que el mundo religioso a menudo pasa por alto. El remanente sigue vivo.

La Iglesia que Jesús está edificando todavía permanece. Y no necesita el permiso del hombre para prosperar, solo necesita Su presencia. Que este sea tu llamado a regresar. A enamorarte de Jesús otra vez, no por reglas, sino por gracia. No por culpa, sino porque has escuchado Su voz llamando tu nombre.

Donde la religión exige, la relación invita.

Donde la religión condena, la relación restaura.

Donde la religión ata, Jesús libera.

No escribí esto como un teólogo, sino como un hombre que ha pasado por el fuego. Como alguien que ha visto a la Iglesia caer y levantarse otra vez. Como alguien que ha probado tanto la religión como la relación y ha escogido a Cristo.

Si tu altar se ha enfriado, reconstrúyelo. Si tu gozo se ha secado, vuelve al manantial. Si has estado pretendiendo, detente. Él ya te conoce, y aún te quiere. No necesitas un título para ser llamado. No necesitas un púlpito para predicar. Solo necesitas un corazón dispuesto. Todavía existe una Iglesia por la cual vale la pena luchar.

Pero debe comenzar en ti.

La invitación sigue en pie:

Vuelve al Pilar

Camina en Su Espíritu.

Vive para Su gloria.

Y sé la Iglesia que Él siempre quiso.

Bendición Final y Oración

Amado lector:

Has caminado conmigo a través de verdades, lágrimas, corrección y consuelo. Ahora quiero dejarte con algo más que palabras. Hablo esta bendición sobre tu vida como alguien que ha sido quebrantado y restaurado por la misma gracia de la que he escrito.

Que el Señor Jesús te encuentre en tus preguntas, en tus lugares de silencio y en tus momentos de lucha. Que quite de ti todo peso de religión y te atraiga de nuevo a una relación santa con Él.

Que el fuego de Su Espíritu vuelva a arder en tu corazón, no para el rendimiento, sino para la presencia.

Que tus heridas se conviertan en altares, y tus cicatrices en testimonios.

Que camines en poder, pero aún más en humildad.

Que tu *sí* privado a Dios resuene más fuerte que cualquier aplauso público.

Y que nunca más confundas el dolor de la iglesia con el corazón de Cristo.

Oro para que encuentres sanidad en cada lugar donde la religión te haya herido, y valentía para convertirte en la Iglesia que Él soñó cuando se levantó de la tumba.

Oro para que vuelvas a enamorarte de Jesús, no como una teoría, sino como el Viviente que aún habla, aún llama y aún transforma.

Que esto no sea simplemente el final de un libro. Que sea el comienzo de un nuevo caminar.

Un caminar real. Un caminar honesto. Un caminar guiado por el Espíritu, en forma de cruz y lleno de gracia, con Cristo en el centro.

Padre, oro por el que sostiene este libro.

Tú lo conoces profundamente, completamente y con amor.

Restaura lo que fue quebrado.

Sana lo que la religión confundió.

Aviva lo que se ha enfriado.

Y levántalo, no para una plataforma, sino para un propósito.

Que sea luz en una generación oscura.

Que lleve el fuego de Tu presencia dondequiera que vaya.

Que camine en intimidad contigo hasta el día en que te vea cara a cara.

En el nombre de Jesucristo —**el Pilar, el Pastor, el Rey**— **Amén.**

Apéndice I:

Guías Visuales, Fundamentos Doctrinales y Herramientas de Discipulado

¿Qué Sucede Después de la Muerte? Un Diagrama Bíblico de Flujo

Resumen:

Cuando una persona muere, la Escritura enseña un proceso que continúa más allá de la tumba.

Flujo:

Muerte ➤ El alma se separa del cuerpo ➤ Creyentes: presencia del Señor ➤ Incrédulos: esperando juicio (Seol/Hades) ➤ Resurrección ➤ Juicio final ➤ Vida eterna o separación eterna

Escrituras Clave:

- Lucas 23:43

- 1 Tesalonicenses 4:13–17

- Hebreos 9:27

Antiguo Testamento vs. Nuevo Testamento: Entendimiento del Más Allá

Aspecto	Visión del Antiguo Testamento	Cumplimiento en el Nuevo Testamento
Adónde iban las almas	Seol—tanto justos como injustos (Job 14:10)	Paraíso o Hades (Lucas 16:22-23)
Compartimento de los justos	«Seno de Abraham» (Lucas 16:22)	Presencia del Señor (2 Corintios 5:8)
Compartimento de los injustos	Tormento en Seol (Salmo 9:17)	Hades, esperando juicio (Lucas 16:23; Apoc. 20:13)
Acceso a Dios	Separados, el velo permanecía (Hebreos 9:8)	Acceso directo por medio de Cristo (Hebreos 10:19-20)
Juicio final	Anticipado (Daniel 12:2)	Descrito plenamente (Apocalipsis 20:11-15)
Destino eterno	Poco claro u oculto (Eclesiastés 3:21)	Cielo o Infierno claramente revelados (Juan 14:2–3; Mateo 25:46)

VIDA, MUERTE, Y EL MÁS ALLÁ

VIDA EN LA TIERRA
Tiempo para escoger a Dios, seguir a Cristo y vivir por fe

MUERTE (SUEÑO)
El cuerpo muere; el espiritu regresa a Dios; comienza el periodo de espera

PARAÍSO
Los creyentes descansan en el Paraiso
(el seno de Abraham)

HADES
Los incrédulos sufren en el Hades

RESURRECCIÓN
Jesús regresa; todos resucitan- unos para vida eterna, otros para juicio

JUICIO FINAL
Todos se presentan ante Dios para ser juzgados

LAGO DE FUEGO
Los incrédulos son arrojados a Lago de Fuego

Guía de Referencia de los Dones Espirituales

(Véase 1 Corintios 12)

- Palabra de Sabiduría

- Palabra de Conocimiento

- Fe

- Dones de Sanidades

- Operación de Milagros

- Profecía

- Discernimiento de Espíritus

- Hablar en Lenguas

- Interpretación de Lenguas

Dos Reinos: Una Metáfora en Forma de Árbol

Reino de Dios

- **Arraigado en:** Amor

- **Ramas de:** Justicia

- **Fruto de:** El Espíritu (Gálatas 5:22–23)

Reino de Satanás

- **Arraigado en:** Orgullo

- **Ramas de:** Rebelión

- **Fruto de:** La Carne (Gálatas 5:19–21)

Escrituras Clave:

- Mateo 7:16–20

- Juan 15:1–8

- Gálatas 5:19–23

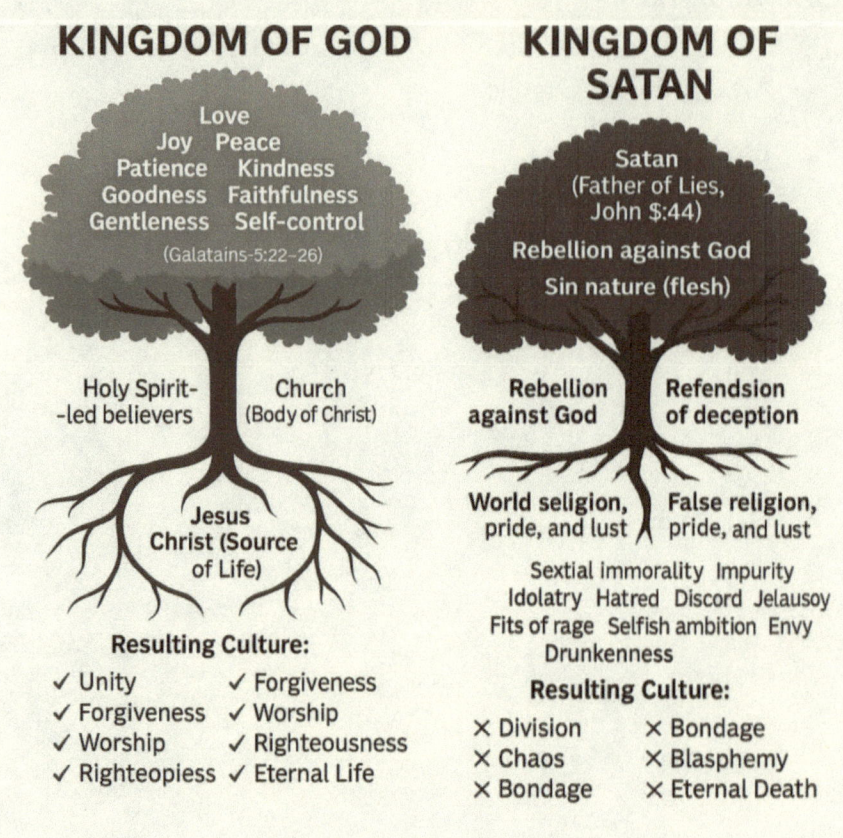

Consejos Prácticos para la Devoción Diaria

Plan de Devoción de 15 Minutos

- 5 minutos en la Palabra

- 5 minutos en oración

- 5 minutos en reflexión

Ánimos Diarios

- Crea un espacio sagrado para encontrarte con Dios.

- Lleva un diario de oraciones, confesiones y peticiones respondidas.

- Habla con Dios a lo largo del día, manténlo simple.

- Sé constante, no perfecto.

Verdad Fundamental: La Salvación Es un Don, Pero el Fruto Es la Evidencia

Efesios 2:8–9

«Somos salvos por gracia mediante la fe… no por obras».

Pero…

Efesios 2:10

«Fuimos creados para buenas obras, preparadas de antemano por Dios».

La salvación no se gana, pero transforma. La verdadera salvación da fruto.

Preguntas Doctrinales Claves Respondidas

1. ¿Qué es el Arrepentimiento Verdadero?

- Griego: *Metanoia*: un cambio de mente que lleva a un cambio de dirección.

- No es solo sentirse mal, el verdadero arrepentimiento se rinde a Jesús.

Escritura:

Lucas 13:3: «Si no os arrepentís, todos pereceréis igualmente».

La pregunta que queda es: ¿Alguien creyó y se arrepintió, o solo estuvo de acuerdo emocionalmente y continuó en rebelión?

2. ¿Puede Alguien Perder su Salvación (Sello)?

Ejemplos bíblicos de caída o falsa conversión:

Rey Saúl	El Espíritu se apartó por desobediencia	1 Samuel 16:14
Judas Iscariote	Caminó con Jesús, pero lo traicionó	Juan 17:12 («hijo de perdición»)
Hombre en Corinto	Entregado a Satanás para destrucción de la carne	1 Corintios 5:5
Advertencia en Hebreos	«Si continuamos pecando deliberadamente...»	Hebreos 10:26–29

Mateo 7:21–23	«Nunca os conocí» Relación.	Mateo 7:21–23
Gálatas 5	Los que viven en la carne no heredarán el Reino	Gálatas 5:19–21

3. ¿Una vez Salvo, Siempre Salvo? ¿O Verdaderamente Salvo, Siempre Transformado?

- Romanos 7: La lucha con el pecado

- Romanos 8: La vida en el Espíritu

- 1 Juan 2:19: Algunos se fueron porque nunca fueron verdaderamente de nosotros

Los verdaderos creyentes se arrepienten, perseveran y crecen, aun cuando tropiezan.

4. Parábolas de Jesús sobre Salvación y Fruto

- **El Sembrador:** Solo una tierra produjo fruto duradero (Marcos 4:3–20)

- **El Trigo y la Cizaña:** El juicio separa lo verdadero de lo falso (Mateo 13)

- **Sin Fruto = Cortado:** Aun si está en la vid, las ramas sin fruto son quitadas (Juan 15:2, 6)

5. El Sellado del Espíritu

- Sí, es permanente para el que verdaderamente ha nacido de nuevo (Efesios 1:13-14).

- Pero no todos los que dicen ser de Cristo están realmente sellados (Romanos 8:9: «Si alguno no tiene el Espíritu de Cristo, no es de Él»).

6. ¿Qué Prueba la Salvación?

La salvación genuina produce…	La falsa conversión muestra…
Arrepentimiento continuo	Pecado voluntario continuo
Deseo por la Palabra de Dios	Dominio de deseos carnales
Fruto espiritual (Gál. 5:22-23)	Sin cambio, sin fruto
Quebranto por el pecado	Justificación del pecado
Relación con Jesús	Religión sin intimidad

7. La Transformación Es el Estándar

- Romanos 12:1–2: «Sed transformados por la renovación de vuestra mente».

- 2 Corintios 5:17: «Si alguno está en Cristo, nueva criatura es».

Estamos sellados mientras permanecemos rendidos. No se requiere perfección, pero sí dirección.

No ganamos la salvación, caminamos en ella con reverencia.

Filipenses 2:12–13: «Ocupáos en vuestra salvación con temor y temblor, porque Dios es quien produce en vosotros así el querer como el hacer, por su buena voluntad».

Apéndice II: Escrituras para Meditación y Pasos de Acción

Profundiza en tu caminar de fe.

Ya sea que estés conociendo a Jesús por primera vez o que busques crecer en madurez espiritual, estos versículos y prácticas están diseñados para fortalecer tu caminar diario.

Capítulo 1: De la Religión a la Relación

Escrituras para Meditación

- Mateo 15:8–9

- Juan 4:23–24

- Apocalipsis 3:20

- 2 Timoteo 3:5

- Isaías 29:13

- Colosenses 2:8

- Efesios 2:19–22

- Hechos 2:42–47

Pasos de Acción

- Deja a un lado hábitos sin vida

- Lee los Evangelios de manera relacional

- Ora con honestidad

- Simplifica tu adoración

- Sé la Iglesia

- Escribe tu caminar en un diario

- Invita la ayuda del Espíritu

Capítulo 2: Los Rasgos y Pruebas del Liderazgo

Escrituras para Meditación

- Lucas 6:12–16

- Hechos 4:13

- Marcos 10:42–45

- 1 Pedro 5:2–3

- Ezequiel 34:1–10

- Juan 17:20–23

- Efesios 4:1–6

- Santiago 3:13–18

Pasos de Acción

- Estudia a los Doce

- Sirve en silencio

- Lidera con integridad

- Busca la reconciliación

- Intercede por los líderes

- Promueve la unidad

- Pide a Dios sanidad

Capítulo 3: Aliento y Huesos

Escrituras para Meditación

- Ezequiel 37:1–14

- Gálatas 5:16–25

- Romanos 8:1–2, 11

- Juan 6:63

- 2 Timoteo 3:16–17

- Salmo 51:10–12

- Isaías 61:1–3

Pasos de Acción

- Nombra tu valle

- Sé honesto

- Habla vida

- Haz espacio

- Actúa en fe

- Reúnete nuevamente con el cuerpo

- Ora por aliento

Capítulo 4: Servir con Propósito

Escrituras para Meditación

- 1 Corintios 12:4–27

- Romanos 12:3–8

- 1 Pedro 4:10–11

- Efesios 4:1–3

- Gálatas 5:22–25

- Juan 13:3–17

- Marcos 10:43–45

- Filipenses 2:3–5

- Colosenses 3:23–24

Pasos de Acción

- Ora por claridad

- Sirve en secreto

- Celebra lo oculto

- Concéntrate en un fruto

- Encuentra un lugar para servir

- Examina tus motivos

- Comienza con el Espíritu

Capítulo 5: La Gracia Sobre la Ley

Escrituras para Meditación

- Gálatas 2:21

- Mateo 9:13 / Oseas 6:6

- Gálatas 3:3

- Gálatas 5:1

- Colosenses 2:20–23

- Romanos 3:20–24

- Lucas 15

- Juan 1:17

Pasos de Acción

- Siéntate sin esforzarte

- Identifica un hábito legalista

- Extiende gracia

- Ayuna de la autoexigencia

- Memoriza Gálatas 2:21

- Organiza una conversación sobre la gracia

Capítulo 6: Un Estilo de Vida de Devoción

Escrituras para Meditación

- Juan 15:4–5

- Lucas 10:41–42

- Salmo 1:2–3

- Santiago 4:8

- Salmo 27:4

- Mateo 6:6

- Romanos 12:1

- 1 Tesalonicenses 5:17

- 1 Juan 5:3

- Salmo 62:8

Pasos de Acción

- Comienza con un ritmo de 15 minutos

- Crea un espacio de devoción

- Forma un hábito de adoración

- Mantén un diario devocional

- Memoriza un versículo cada semana

- Usa recordatorios de oración

- Reinicia sin culpa

Capítulo 7: Dar y Apoyar lo que Crees

Escrituras para Meditación

- Lucas 8:1–3

- Hechos 4:32–35

- Marcos 12:41–44

- 2 Corintios 9:6–8

- Mateo 6:21

- Génesis 22:1–14

- Hebreos 13:16

Pasos de Acción

- Evalúa tu manera de dar

- Redefine el dar como adoración

- Da de una manera nueva

- Comparte un testimonio

- Crea un plan de dar (tiempo, talento, tesoro)

Capítulo 8: Sellados para Salvación

Escrituras para Meditación

- Marcos 1:15

- Juan 3:3, 5

- Lucas 9:23

- Mateo 7:21–23

- Efesios 1:13–14

- Romanos 8:15–16

- 2 Timoteo 2:19

- Gálatas 5:19–23

- Hebreos 10:26–29

- Apocalipsis 7:3–4; 14:1; 22:4

Pasos de Acción

- Revisa tu fundamento

- Deja que el Espíritu te examine

- Regresa a la obediencia diaria

- Cultiva fruto espiritual

- Fortalece a otros

- Habla contra el cristianismo cultural

- Camina con confianza

Capítulo 9: Jesús, La Piedra Angular y el Llamado

Escrituras para Meditación

- Colosenses 1:18

- Juan 14:6

- Lucas 22:42

- Gálatas 2:20

- Isaías 53

- Juan 1:29

- Mateo 26:28

- Hebreos 10:29

- Apocalipsis 5

- Apocalipsis 21

Pasos de Acción

- Renueva tu entrega

- Toma la Santa Cena con reverencia

- Vive como alguien sellado

- Arrepiéntete de la autoridad mal colocada

- Estudia profundamente (Isaías 53, Juan 17)

- Comparte con valentía

- Confronta los falsos evangelios

Capítulo 10: Del Dolor al Propósito; Una Novia, No un Imperio

Escrituras para Meditación

- Romanos 11:29

- 2 Corintios 12:9

- Isaías 61:3

- Ezequiel 37:5

- Juan 21:15–17

- Apocalipsis 19:7

- Juan 18:36

- 2 Corintios 11:2

- Efesios 5:25–27

- Mateo 28:19–20

Pasos de Acción

- Escribe tu testimonio

- Acércate a los que sufren

- Ora una oración de entrega

- Da un paso hacia tu llamado

- Arrepiéntete de motivos de construir reino propio

- Reenfoca tu misión en el discipulado

- Ayuna y ora por preparación

- Persigue la santidad más que el desempeño

- Abraza tu identidad como la Novia, no como el constructor

Agradecimientos

Antes que nada, doy gracias a mi Señor y Salvador, Jesucristo. Él sopló vida en estas páginas y caminó conmigo por cada valle y cada montaña en este viaje. Sin Su gracia, no tendría historia que contar.

A mis hijos —Tania, Javier, David, Iliana, Jason y Keila—: gracias por ser mi fortaleza y mi razón. Ustedes han soportado más de lo que muchos jamás sabrán, y su resiliencia silenciosa ha sido una luz en las temporadas más oscuras de mi vida. Su amor, incluso en silencio, ha hablado más fuerte que las palabras.

A mi nieta Yamalis, gracias por tu ternura, tu fortaleza y la alegría que has traído a nuestra familia. Verte crecer en la maternidad me ha llenado de nueva esperanza para el futuro.

A mi amada esposa, Cheryl Marie: gracias por tu amor inquebrantable, tu espíritu paciente y tu profunda fe. Has permanecido a mi lado en temporadas de dolor y de celebración. Tu fuerza callada y tus oraciones fieles me han sostenido tanto en la vida como en el ministerio.

A mi copastor, Héctor Matías: gracias por caminar conmigo en este sendero del ministerio. Tu amistad, integridad y devoción al pueblo de Dios han sido un regalo. Y a la ministra Yolanda Rosado: tu humildad, constancia y corazón de sierva han inspirado a muchos, incluyéndome a mí. Estoy agradecido por tu fe, tu sabiduría y tu apoyo firme.

Al Rev. Aaron Payson: gracias por asumir el funeral y velorio de mi hijo cuando el dolor me dejó sin fuerzas. Me sostuviste cuando yo no podía mantenerme en pie. Siempre tendrás un lugar sagrado en mi corazón.

A Jenny Pacillo: gracias por tu cuidado, tu visión y tu paciencia al dar forma a este manuscrito. Honraste el mensaje mientras ayudabas a traer claridad y estructura a mis palabras. Tu guía editorial nunca apagó el alma de esta obra, y te estoy profundamente agradecido.

A la familia de la Iglesia Roca de Salvación: ustedes son prueba viviente de que los huesos secos pueden volver a vivir. Gracias por creer en la visión que Dios puso en mi corazón. Sus oraciones, su ánimo y su amor han ayudado a llevar este mensaje al mundo.

Y finalmente, a cada lector: gracias. Si has caminado conmigo hasta esta última página, ahora te considero parte de mi historia. Oro para que estas palabras te lleven de la religión a la relación, de la tradición a la verdad, y de la ruptura a la plenitud de vida en Cristo.

Él es el único Autor de este testimonio y el que caminó a mi lado, en cada paso del camino.

Sobre el Autor

José R. Pérez es el pastor de la **Iglesia Roca de Salvación** en Worcester, Massachusetts, la primera iglesia evangélica hispana en Nueva Inglaterra, fundada por sus padres. Nacido en Puerto Rico y criado entre dos culturas, la vida del pastor Pérez es un testimonio viviente de transformación: de la adicción, el dolor y la división familiar a la restauración, la visión y un liderazgo guiado por el Espíritu.

Ha servido a su comunidad en múltiples roles —pastor, organizador sindical, director de una organización sin fines de lucro y mentor— siempre con un corazón por la justicia, la sanidad y la renovación espiritual. El avivamiento, la reconciliación y un compromiso con la verdad sin adulterar la Escritura, libre de distorsión religiosa y de compromisos culturales, caracterizan su ministerio.

El pastor Pérez lleva adelante el legado de su padre, el Rev. José Pérez, quien estableció la base de fe y le confió el manto de liderazgo. Hoy continúa predicando un mensaje de esperanza, arrepentimiento y despertar a una generación que busca algo más que tradición; una generación que está buscando la verdad.

En *De la Religión a la Relación: Encontrando a Jesús en una Iglesia Dividida*, el pastor Pérez invita a los lectores a un caminar más profundo y auténtico con Cristo, marcado no por el legalismo ni la apariencia, sino por la gracia, la rendición y el poder del Espíritu Santo. Escribe para los heridos, los cansados y aquellos que están listos para levantarse de nuevo.

Visita: www.pastorjoseperez.com

Contacto: info@pastorjoseperez.com | books@pastorjoseperez.com

Si este libro ha bendecido, animado o desafiado tu caminar con Jesús, por favor deja una reseña en línea; para el pastor José sería un honor. Tus palabras también pueden ayudar a otros a encontrar sanidad y esperanza.